歴史文化ライブラリー
228

聖徳太子と飛鳥仏教

曾根正人

目　次

仏教公伝

1　飛鳥仏教への招待

飛鳥仏教への招待――プロローグ

世界仏教と飛鳥仏教

ゴータマ＝シッダールタ（釈迦仏《しゃかぶつ》）がインドのベナレス近郊サールナートで初めて説法したのは、紀元前五世紀後半のこととされる。それから一〇〇〇年、彼の教えはさまざまに変容しつつ東方に流伝し、ユーラシア大陸東辺の島国倭国《わこく》に到達する。それは西はカスピ海東南岸から東は日本列島まで、北はシルク・ロード北路や中国北辺まで南はインド洋に散らばるスリランカ、インドネシア諸島まで広がる仏教文化圏に、倭国が加わったことを意味した。これ以後倭国そして日本は、中国を盟主とする東アジア世界の一員としてのみならず、より広大で国際的な仏教文化圏の一員としても歩み出すのである。

そして国内でも仏教公伝から半世紀後の推古《すいこ》朝には、大和《やまと》盆地に異国風の景観が出現していた。これまで見たこともない壮麗かつ威圧的な寺院建築が建ち始め、その周辺ではなじみのない僧尼形の姿も目にするようになっていた。今日飛鳥《あすか》時代と呼ばれるこの時期は、平和で安定した政権のうえに、仏教が初めて日本社会に流布した時代であった。そしてこの時期が、必ず飛鳥寺・法隆寺《ほうりゅうじ》の景観や諸寺の寺宝の映像をともなって想起されるように、当時の文化全体が濃い仏教色を帯びていたと考えられている。

仏教はその後、国家・社会の動向から日本人の思考形態・生活習俗まで強い影響を与え続けるが、なかでも飛鳥時代を中心とした黎明《れいめい》期は、後々までの展開方向を決める重要な時期であった。少なくとも古代仏教のかなりの枠組みは、この時期に形成されるのである。だとすればこの最初の日本仏教の様相を正確に把握しておくことは、古代仏教全体ひいては日本仏教全体を理解する上で不可欠の前提と言えよう。そしてその正確な把握は、国内状況を照射するだけでは得られないのである。

仏教の流伝と変容

そもそもゴータマが創始した仏教は、倭国に伝来した「仏教」とは相当異なっている。風土も思考様態も倭国とはまったく異なったインドで誕生した仏教は、ゴータマ没後四〇〇年の間にまずインド世界内で多様な変容・展開を見る。そしてその中でも最も大きな変容形態である大乗《だいじょう》仏教が、海陸のブッダ＝ロードを経由して中国に流伝する。それが中国というもう一つの巨大文化圏の中で更なる変容を受けつつ受容され、倭国公伝に際しては、さらに朝鮮半島を経由して到達するのである。仏教発祥地インドと倭国の間に横たわっているのは距離・地形・自然だけではない。流伝するうちに影響を受ける多様な文化・思考のフィルターが存在しているのである。

しかもこうした遠隔地域間の流伝においては、供給側の仏教の全量が伝わるわけではない。隣国百済《くだら》からの「仏教公伝」にしても、聖王《せいおう》は自国仏教のすべてを提供したわけではない。その後の中国仏教との交流にしても、中国側は自国仏教の一部を選択して提供したのである。また日本側にしても、中国側が一方的に提示したものをそのまま持ち帰ったわけではない。それなりの要求・選別・付加をして持ち帰っているのである。伝える側にしても受ける側にしても、意図的か否かは場合によりけりだが、何らか取捨選択を加えてのやり取りをしているのである。

倭国仏教の原点

したがって倭国に到達した仏教は、経由してきた地域のなかでのみ変容したわけではない。各地に流入するその時点ですでに様々な取捨選択がなされ、供給源とは相当異なる「仏教」になって流入するのである。もちろん倭国も例外ではない。「公伝」のみならず以後も日本に流入し続けたさまざまな仏教は、流入時点ですでに多くの歴史的刻印を穿たれているのである。

そしてこうした刻印は、それぞれの国に「仏教」が入ったその時点から、その後の「仏教」の展開に影響を与え続けたはずである。ましてや本書で扱う六・七世紀の日本のように受け手側に主体的選択の基盤ができていない時代には、影響は相当のものだったと考えられる。だとすれば日本仏教、少なくとも黎明期日本仏教の叙述は、伝来した「仏教」の内実を問うという原点の照射から始められるべきであろう。倭国に初めてもたらされた仏教は、当時の東アジア仏教の中で、あるいは世界仏教全体の中でどのように位置付けられるものだったのかという原点を確認してこそ、そこから展開した日本仏教の特性が正確に理解され得るからである。いきなり日本国内の状況から照射し始めるのでは、この特性まで流入後に付与されたそれに紛れてしまいかねない。

本書は「仏教公伝」に至るまでの長く大きな仏教の流れ、すなわち倭国などまったく登場しないインド仏教そして中国仏教から記述を始めるが、それはこうした点を踏まえての構成なのである。

そこで最初に明確にしておかねばならないのは、時代区分上の飛鳥仏教の位置である。本書の題名としている飛鳥仏教は、どんな特色をもって他の時代の仏教と区別するのか。またその特色から見えてくる時代の分かれ目はどこにあるのかということである。そして今日、こうした飛鳥仏教の定義は完全な一致は見ていないが、本書では一応次のように考えている。

飛鳥仏教の位相

まず飛鳥仏教の定義だが、推古朝に最盛期を迎える日本最初の仏教と定義する。したがってその始まりは「仏教公伝」に置く。ここまではごく一般的な見方であり、さして異論もあるまい。意見が分かれるのは、その終わりをどこに置くかであろう。

ここで注目すべきは、推古朝までの倭国仏教は蘇我《そが》氏によって主導されてきたという点である。「公伝」時に仏像を引き受けたのは蘇我稲目《いなめ》である。倭国初めての出家を挙行したのは蘇我馬子《うまこ》であるし、初めての寺院飛鳥寺を創建したのも馬子である。厩戸《うまやど》皇子をいかに大きく評価しようとも、馬子を抜きにして推古朝仏教は語れない。飛鳥仏教は蘇我氏のそれに代表される仏教なのである。そしてこの蘇我氏の仏教は、大化改新後には連続していない。蘇我氏滅亡後の倭国仏教は、「公伝」以来蘇我氏が主導してきた飛鳥仏教とは異なるのである。

仏教史の時代区分で飛鳥仏教に続くのは奈良仏教である。その最大の特性は、天皇と一体化した国家が仏教の施設・成員・儀式・行業などすべてを管理・主導する護国仏教というものである。これが明確に発現してくるのは天武《てんむ》朝である。ただその先蹤《せんしょう》となる仏教における大王主導は、厩戸皇子没後の推古朝末年から見え始めて、顕在化するのは大化改新後である。こうした点を踏まえて本書では、飛鳥仏教の最後を大化改新に置くことにする。

その飛鳥仏教を照射していくなかで登場する人々は、大王家一族はじめもっぱら飛鳥周辺の豪族である。これは飛鳥仏教を担ったのが中央豪族だからである。七世紀後半になると、東は現在の静岡県中部、西は岡山県南部から北九州地方にまで寺が分布するようになる。だが大化改新以前の七世紀前半までに仏教を受容した地方豪族は稀《まれ》である。飛鳥仏教とは、文字通り飛鳥の地の仏教だったのである。

そしてこの時代の仏教に、一般民衆はほとんど無関係である。彼らが仏教を受容し始めるのは奈良時代のことである。その信仰内容も本来の仏教と相当隔たっていたことは、平安時代初期成立の説話集『日本霊異記《にほんりょういき》』に明らかである。ましてや一世紀さかのぼるこの時期の認識は、もっとも進んだものでも「ブツ」ないし「ホトケ」という名の異国の神がいるらしい、それは「テラ」というあの見慣れぬ建物のなかにいるらしいといったところがせいぜいだったと考えられる。飛鳥仏教はきわめて限られた担い手によって支えられていたのである。

用語と構成

もう一つ断わっておく必要があるのが、「天皇」号と「日本」という国号使用の開始時期である。「天皇」という呼称の始まりについては、推古朝説と天武朝説があって決着が着いていない。私自身も今なお結論に至っていない。ただ最初の使用は推古朝だったとしても、定着していったのは天武朝以降と考えている。よって本書では天武より前の天皇については、「おおきみ」に相当する「大王」号で呼ぶことにする。一方「日本」という国号が天武朝に始まることについては、あまり異論はないと思う。それ以前には「倭《わ》」と呼ばれていたはずである。本書でもこうした史実を反映させて、天智《てんじ》朝までは「倭」ないし「倭国」の国号を使い、天武朝以降について「日本」を用いることにする。

最後に本書の題名にも挙げている聖徳太子だが、これは一九九六年の大山誠一氏の問題提起（「〈聖徳太子〉研究の再検討」〔『弘前大学国史研究』一〇〇・一〇一、のち同氏著『長屋王家木簡と金石文』に収録〕）以来、俄然脚光を浴びた題材である。氏の「聖徳太子非実在説」のインパクトが大きかったため、学界以外でもさまざまな論議を呼んで今に至っている。そして大山説にどう対峙するかによって、推古朝仏教の叙述はまったく異なったものとなる。飛鳥仏教全体の見通しも相当変わってくるであろう。氏の提起した問題は、今日飛鳥仏教を扱うなら避けて通れぬところである。よってこれについては次の一章を割き、旧来の聖徳太子論の問題点と絡ませて独立したかたちで論ずる。そして得られた結論を踏まえて、インドから飛鳥に東流していった仏教を照射していくことにする。

なお「聖徳太子」は没後に付けられた尊称であり、生前の名前は「厩戸皇子」である。よって本書で歴史上の人物としての彼を指す場合には、原則として「厩戸皇子」の呼称を用いることとする。

飛鳥仏教史の課題

聖徳太子非実在説の波紋

聖徳太子研究の流れ

旧来推古《すいこ》朝仏教を主導していたと見なされていたのは、政権の中枢にあった蘇我馬子《そがのうまこ》、そして没後早くから「聖徳太子」と尊称されて信仰を集めた厩戸《うまやど》皇子であった。なかでも推古朝のみならず飛鳥仏教全体を代表する人物とされてきたのが厩戸皇子である。だが「聖徳太子」という呼称からしてそうなのだが、この人物は没後早くから神話に覆われる。人物像についても史実と神話とが混合した造形がなされ、歴史学においてすら、時代の仏教から掛け離れた理解水準の仏教者という非現実的な人間像が語られてきた。

よしんばそんな高水準の仏教理解者だったとしても、それならば同時代の日本仏教からは遊離していたはずである。ところがさらに奇妙なことに、そうした彼をもって飛鳥仏教を代表させる、といった矛盾した図式がまかり通っていたのである。

そこに近年、大山誠一氏の研究によって一気に正反対のベクトルが形成されるに至った。大山氏は、厩戸皇子＝聖徳太子という人物造形のよりどころであった『隋書倭国伝《ずいしょわこくでん》』『日本書紀《にほんしょき》』『天寿国繡帳銘《てんじゅこくしゅうちょうめい》』、法隆寺《ほうりゅうじ》諸像の光背銘《こうはいめい》などいわゆる聖徳太子関係史料すべての信憑性《しんぴょうせい》に疑義を呈することにより、「聖徳太子は存在しなかった」と結論した。この刺激的でかつ誤解を招きやすい結論は、発表当時から大きな反響を巻き起こした。

大山説の概要　大山氏の研究は、本来推古朝の政治状況から聖徳太子関係史料成立期（奈良時代初期）の政治状況などにわたる広い領域を踏まえたものである。そこから本書で取り上げる仏教者としての厩戸皇子に関わる部分を取り出すと、以下のようになる。

Ⓐ『隋書倭国伝』に見える「王、多利思比孤《たりしひこ》」「倭王」とは厩戸皇子のことではなく、蘇我馬子のことである。よってそこに見える仏教事績を厩戸皇子に帰することはできない。

Ⓑ『日本書紀』で厩戸皇子の仏教行業として記されている事績も、他の仏教関係記事

図1　法隆寺金堂釈迦三尊像（法隆寺所蔵）

同様、ほとんどすべて道慈《どうじ》による捏造《ねつぞう》である。

Ⓒ

法隆寺金堂薬師像・釈迦像光背銘や『天寿国繡帳銘』『三経義疏』（以上いわゆる法隆寺系史料）、あるいは『上宮《じょうぐう》聖徳《しょうとく》法王帝説《ほうおうていせつ》』『法起寺塔露盤銘《ほっきじとうろばんめい》』といった、『日本書紀』より古い時期の別系統の厩戸皇子関係史料とされてきたものは、いずれも

『日本書紀』以後に政治目的から創作されたのであり、記されている内容は史実とは無関係である。

Ⓓ 今日なお学界で流布している聖徳太子像は、『日本書紀』によって創出された原型が、Ⓒで挙げた後世の創作物によって肥大化して形成されたものである。

Ⓔ したがって厩戸皇子の仏教事績として認め得るのは、斑鳩寺《いかるがでら》（法隆寺若草伽藍《わかくさがらん》）の造営くらいしかない。

聖徳太子はいなかった

もともと『日本書紀』記事の多くに人為的操作が加えられていることは、周知の事実である。厩戸皇子の記事にしても、神話的エピソードはもちろん事績の記述すべてが、事実をありのままに記したものと見る研究者は少ない。また法隆寺諸像光背銘・『天寿国繡帳銘』・『法起寺塔露盤銘』にしても成立期や信憑性について意見は分かれており、無批判に依拠し得ないのは学界の共有認識であろう。

ただ大山氏の場合、旧来信憑性に疑問が呈されてきた史料はもちろん、『隋書倭国伝』の「王、多利思比孤」を厩戸皇子とする解釈、比較的信用度の高い史料とされた来た『上宮聖徳法王帝説』、『日本書紀』でも比較的信憑性が高いとされて来た記事までほぼすべてについて、創作であり歴史上の厩戸皇子とは無関係の捏造としたのである。さらにこれを受けて『上宮聖徳法王帝説』、そして『日本書紀』に次いで古い史料で問題視されることの少なかった『元興寺縁起《がんごうじえんぎ》』についても、最近吉田一彦氏から根本的疑義が呈されている（「『元興寺伽藍縁起幷流記資財帳』の信憑性」〔大山誠一編『聖徳太子の真実』所収〕）。こうした大山・吉田氏らの論を全面的に肯定するならば、厩戸皇子の仏教に関する史料で使えるものはほぼ皆無ということになる。

かくして以下のような結論が導かれる。厩戸皇子＝聖徳太子の事績として記録された事柄はすべて創作だった。人間離れした超人説話が史実でないのはもちろんだが、時代をリードする先進的指導者という造形も含め、すべての聖徳太子像は捏造だった。すなわちいわゆる「聖徳太子」に相当する人物は、そのモデルも含めて歴史上には存在しなかった。厩戸皇子という王族は存在したが、その実像は「聖徳太子」のモデルたり得るほどの大層なものではなかった、というわけである。

大山氏の手法

同じ史料を扱って、こうしたまったく逆方向の結論に至るには、旧来通りの手法や切り口ではなかなか難しい。実は大山氏がこうした結論を導く論拠としたのは、森博達《ひろみち》氏の音韻学研究であった。

森氏は『日本書紀』三〇巻の記事を音韻学的に分析し、漢語に習熟した筆者による α 群、日本流の不完全な漢語しか使えない筆者によるβ群、そしてα群に近いが独特の文体・語句をもって区別される巻三〇、の三つに分類した。α群筆者は渡来中国人おそらくは七世紀末の音博士《おんはかせ》であった続守言《しょくしゅげん》・薩弘恪《さつこうかく》、β群筆者は中国原音や正格漢文に疎《うと》い日本人おそらくは文武《もんむ》朝の文章《もんじょう》博士であった山田史御方《やまだのふひとみかた》、巻三〇筆者は続守言・薩弘恪の後を受けた紀清人《きのきよひと》と推測した。そしてこの分類において、厩戸皇子の著名な事績が記された記事は、ほとんどすべてがβ群に属していたのである。

基本的にはこの成果を最大のよりどころとして大山氏は、これらの記事をβ群筆者ないし添削者による創作と結論付け、「聖徳太子非実在説」の出発点とした。加えて『日本書紀』で厩戸皇子の呼称は「皇太子」だが、推古朝に皇太子制は存在しない点に注目、『日本書紀』聖徳太子記事捏造説のさらなる証左とした。かくして大山氏は、まず『日本書紀』から抽出し得る歴史上の厩戸皇子を、斑鳩寺《いかるがでら》（法隆寺）を建てた一王族以上の者ではないとしたのである。

さらにこれを踏まえて、『隋書倭国伝』に見える「王、多利思比孤」「倭王」の旧来理解を批判する。まず皇太子でもなく特別な存在でもない厩戸皇子は該当者から除外される。その上で「倭王」隋使《ずいし》接見記事と『日本書紀』推古紀の新羅《しらぎ》・任那《みまな》使接見記事を比較し、後者において前者の「倭王」に相当する立場にあった蘇我馬子が、『隋書倭国伝』の「王、多利思比孤」「倭王」であるとした。

そして法隆寺金堂諸像光背銘や『天寿国繡帳銘』については、主に氏が天武朝成立とする「天皇」号が見えることから、『上宮聖徳法王帝説』『法起寺塔露盤銘』については、後世成立他文献との内容の類似性から、推古朝の史料としては使えないとした。

かくして没後「聖徳太子」と呼ばれた人物は、歴史上の人物として扱い得る史料が存在しないことになる。すなわち聖徳太子は存在しなかった、そして厩戸皇子についてもその実像を窺える史料は存在しない、となるわけである。

森田氏の批判

こうした大山氏の論は、先述のごとく多くの反響を呼び起こした。ただその反響のほとんどは「聖徳太子は存在しなかった」という結論部分のみに向けられ、述べられる意見も全面肯定か全面否定かのどちらかという両極端ばかりであった。このため反対論が提示されても大山氏の論と嚙み合わない場合が多かった。ようやく落ち着いた批判が現れ始めたのは最近のことなのである。

そうした最近の成果のなかでも森田悌氏の『推古朝と聖徳太子』は、的を射た批判として注目される。本書は推古朝についての氏の視角を提示したもので、大山説批判を主題とした論ではない。だが結果として大山説の土台から問題を掘り起こし、史料分析・時代背景分析双方から再検討した総合的批判となっている。

例えば『日本書紀』で厩戸皇子を「皇太子」と称している点については、厩戸皇子を『日本書紀』の時代の皇太子に相当する地位にいたと理解していたためとする。諸史料に見える「天皇」号については、推古朝成立説を対置・展開して問題点を解消した。『法隆寺釈迦三尊光背銘《しゃかさんぞん》』の推古朝成立についても、東野治之《とうのはるゆき》氏が尊像完成直後の刻字らしいことを実見確認していて問題はなく、成立時期を疑う理由の一つとされた「法興《ほうこう》」の年号についても、仏教界内で用いられた年号として解決している。かくして森田氏は次のような結論に至る。

Ⓐ　両断的に虚構説にもっていくのは正しくない。

Ⓑ　関連史料を検討し、史実かどうか吟味することが重要である。

Ⓒ　推古紀の記事を読むに当たっては、皇太子なる語の有無ではなく、内容に即しての吟味が必要である。

氏の論は大山説批判として、これまでになく全体的で適切なものと評価できる。ことに引用した氏の結論には、共鳴するところが多い。よって以下ここに示された方向に従って、

「聖徳太子非実在説」への批判を試みることにする。

聖徳太子非実在説の問題点

『憲法十七条』捏造説の問題点

そもそも大山説のよりどころである森氏の論をかえりみるに、そこから即全面的捏造《ねつぞう》という結論が導かれるわけではない。例えば『憲法十七条』であるが、「十七条憲法」の倭習《わしゅう》では「憲法」を含む巻二二に共通する倭習について、

しかしその多くは、上代の日本人に共通する倭習であり、必ずしも書紀の完全な作文とは言えない。

と述べている。また『日本書紀《にほんしょき》の謎を解く』では、憲法については「私も偽作説に立つ」と立場を明確にしているが、その主たる根拠として提示しているのは、

金石文《きんせきぶん》などに残された推古《すいこ》期遺文や白鳳《はくほう》期遺文にも、倭習の勝った文章がある。しかしそれらは概して、憲法やβ群の文章に比べて古色を帯びているように感じられる。憲法とβ群との倭習の共通性は無視しがたい。憲法の制作年代は、β群の述作年代に近かったのであろう。かなり新しい時代のものと推測される。

というものである。

氏の分析を見るに、「憲法」条文と『日本書紀』β群の文章が同質であることは首肯される。したがって憲法の文章が『日本書紀』編纂と同時期の成立である可能性はある。だが先に見たように、両者に共通する特質である倭習が「上代の日本人に共通する倭習であり、必ずしも書紀の完全な作文とは言えない」のであれば、「憲法」の文章が『日本書紀』編纂時から溯れないという確証は存在しないことになる。詰まるところ根拠は、より古い時期の文章が「古色を帯びているように感じられる」という印象論次元のそれしかないわけである。

さらに大山氏・吉田氏が最近の研究で指摘しているように、いわゆる推古期遺文や白鳳期遺文とされていた史料が後世の成立であるならば、中国原音や正格漢文に疎《うと》い推古期の日本人の文章が、「憲法」のそれとは異なっていたことを証明する史料は皆無となる。つまり、「憲法」およびβ群のような文章が推古期には書かれなかったことの証明は、明白にはなしえないのである。

事件と史料

また仮にβ群の文章が『日本書紀』編纂期の成立であったとしても、イコール記されている事件がまったくの架空ということにはならない。例えば、欽明《きんめい》天皇壬申年（五五二）に掛けられている「仏教公伝」記事が、七〇三年訳出の『金光《こんこう》明最勝王経《みょうさいしょうおうきょう》』の経文を用いて書かれているのは周知のことである。この記事の文章は、間違いなく『日本書紀』編纂時のものであろう。だがそれを「仏教公伝」という事件自体を捏造とする結論に直結させるのは、短絡的に過ぎよう。

また時代も編纂の背景も異なるからただちに援用はできないが、後世の歴史物語の記述様態も参考になる。記事のなかには、われわれからは筆者の創作としか見えない事例が多々ある。だがそれが筆者の作為ではなく用いた史料に由来している場合がかなりある。もちろん筆者に由来する事例も少なくないが、その場合でも、作為は描写レベルまでである。架空の事件を捏造するのはもとより、事件のプロットにふれることすらほとんどないのである。大山氏自身も述べている通り、「書物というものは、所詮は、先行する文献を集成して成立するもの」（「『上宮聖徳法王帝説』成立試論」〔同氏編『聖徳太子の真実』所収）なのである。

『日本書紀』β群の記事に関しても、同様に考えるべきであろう。現存記事の文章は編纂時のものであり、作為が入っている可能性は高い。だがそれは記述された事件の存在、ないしは事件に関する史料の存在を否定することにはならないのである。つまり現行の『日本書紀』記事の通りではなくとも、厩戸《うまやど》皇子の事績は史実として存在し、それについての何らかの記憶や史料が残っていた。『日本書紀』の「聖徳太子」記事は、その記憶や史料に色を加えて作られたという可能性は十分ある。大山氏の全面的捏造説は、森氏の論から不可避的に導かれる結論ではないのである。

捏造か文飾か

『憲法十七条』にしても、大山氏の切り口から、必然的に全面的捏造という結論に導かれるわけではない。氏が指摘する通り、確かに憲法には粉飾ないし改変と見られる部分がある。だがそこでまず論ずべきは、憲法の文章に加えられている粉飾や改変である。いきなり憲法の存在そのものを否定するのは飛躍であろう。『日本書紀』に見える憲法の文章に道慈の恣意的な筆がかなり入っていたとしても、それは憲法が存在しなかったという結論には直結しない。

大山氏の手法にのっとって、結論だけを次のように導くことも可能なのである。すなわち『日本書紀』編纂時には、すでにβ群ないしは推古朝当時の倭風漢文で書かれた厩戸皇子編の「憲法」本文、あるいはそれについての史料・記憶といったものが存在した。現行本文はこの史料・記憶をもとにして叙述されたが、その時点である程度の文飾・脚色が加えられた。

そして先に見た後世の歴史物語の執筆様態などを勘案するならば、こちらの結論の方がずっと自然に思われる。後に詳しく見るが、『憲法十七条』は思想的には儒教・仏教などの表層を踏まえた程度のものであり、「憲法」と称してはいるものの朝廷出仕者向けの道徳規範を出るものではない。それほど高い文化水準が窺われる文章ではないのである。したがって推古朝において、当時の倭風漢文でその程度の「憲法」が書かれたと見ても、決して不自然ではない。

他の記事でも推古天皇に対する講経《こうきょう》などは、藤枝晃氏が推測したように経典の冒頭ないしは核心部分を正しい音で朗読したと考えれば、最新の仏教情報に接していた在家信者の行為として不自然ではないのである。

また大山氏は厩戸皇子の仏教の師慧慈《えじ》も架空とする。だが明らかに高句麗《こうくり》様式にのっとった飛鳥寺の伽藍《がらん》配置をはじめ、この時期の高句麗仏教の顕著な影響は否定できない。また慧慈以外にも、高句麗学僧はそれなりの頻度で来朝し日本仏教に足跡を残しているのである。他の高句麗仏教の史料から切離して、慧慈のみを架空の存在とする大山説は無理がある。

『日本書紀』に「聖徳太子」創作意図が貫徹していることがもっと広い領域で証明できるならば、捏造説の精密な検証に入ることも可能であろう。だが現時点では、すべて捏造という結論が先行し過ぎのように思われるのである。

聖徳太子記事と『六度集経』

吉田一彦氏の「道慈の文章」（大山誠一編『聖徳太子の真実』所収）などによれば、大山・吉田両氏は、道慈《どうじ》の『日本書紀』記事潤色は道宣《どうせん》はじめ初唐学僧の文献を典拠としてなされたとしている。だがこれを前提として厩戸皇子の仏教関係記事を見ると、いささか腑に落ちない点がでてくる。

別稿でも指摘したし本書でも後述するが、『日本書紀』の厩戸皇子の仏教行業記事には『六度集経《ろくどじゅうきょう》』というきわめて古い翻訳（三国時代呉《ご》の康僧会《こうそうえ》訳。中国仏教の訳経史区分でいうと、鳩摩羅什《くまらじゅう》以前の時代たる古訳に属する）の経典に依拠した記述が散見される。道慈が主に依拠したのが初唐の文献であるならば、なぜ厩戸皇子記事にだけ古い『六度集経』を用いたのだろうか。

大山説にすり合わせて解釈すれば、『六度集経』は釈迦仏の前世物語（本生譚《ほんじようたん》・ジャータカ）を集めた経典で王子であった時の物語もあるから、好適な素材として厩戸皇子記事に用いられたということになろう。確かに『六度集経』の依用がそうした類いのものだけならば可能性はある。だが実は本経の依用は、その類いにとどまらないのである。

吉田氏は聖徳太子の「聖徳」の称号は、道慈の手になるとしている。そして『六度集経』を見ると、次のように「聖徳」の用例が複数見えているのである。

天神有り。普施の来たるをみて、欣予《ごんよ》して曰わく、「久しく聖徳をおもい、いまここに来たりとまる。わが本心にあわざるなり。」（巻一、普施商主本生）

貴きを先にし、賤しきを後にすれば、正法《しようぼう》治まる。もし先に畜心を戴《いただ》き、退きて聖徳を懐《いだ》かば、正法いかん。（巻四、普明王本生）

問いて曰わく、「子、何を行うや。」答えて曰わく、「民を教え、仏を奉りて、上聖徳を修す。」（巻六、天王本生）

王、この所を尋ねて、はるかに無上聖徳の霊をみる。悲喜交集して、識《し》らずして身を投げ、稽首《けいしゆ》して礼をなす。（巻七、太子得禅）

「聖徳」称号の創始者が誰かは別にしても、典拠が本経である可能性は高い。そして厩戸皇子記事が道慈によるものだとしたら、彼の皇子像は初めから『六度集経』と深く結び付いて造形されていたことになる。皇子の仏教行業記事のよりどころとされたのも、こうした関係に由来すると考えられる。だとすると『日本書紀』仏教記事のなかで、厩戸皇子関係記事だけが格別古い文献に依拠したことになる。

その理由を、初唐の文献では厩戸皇子像が造形できなかったからとするのは非現実的である。やはりこれは古訳が普通であった時期に成立した厩戸皇子史料の存在を想定するべきであろう。道慈はその史料を用いて『日本書紀』の厩戸皇子像を構築したのである。

本書の視角

かくして『日本書紀』の厩戸皇子記事に道慈の恣意的な筆が入っていたとしても、書かれている事件の存在自体、あるいは書かれている要素全部が捏造ということにはならない。文章上に表現されている様相と部分部分では違っていたとしても、そのもとになる事件そしてその史料・記憶は存在したと考えられるのである。

私は森氏の研究はもちろん、大山氏らの研究の有用性を疑うものではない。また『日本書紀』の厩戸皇子記事にかなりの造作が入っていることを否定するつもりもない。だが上記の理由からして、それらがまったく何もないところから創作されたと断定するには躊躇《ちゅう》躇《ちょ》せざるを得ない。文章には多かれ少なかれ造作が加えられているにせよ、『日本書紀』

のような大部の編纂物ならば、文章記述行為の前に、その素材となる史料が皆無だったとは考えにくい。記事に描かれた通りではなかったとしても、記された事件の多くは存在したと考えることは十分可能であると思う。

むしろ森氏・大山氏・吉田氏らの研究によって、造作の手法を含め『日本書紀』の文章記述の実態が飛躍的に明らかになりつつある今日、こうした視角に立って、造作の外皮を意識しつつ『日本書紀』の原史料や元の事件の様相を照射する視角が設定可能になったと考える。本書ではこうした観点から、『日本書紀』など記述を全面的には信用できない史料でも捨て去ることはせず、粉飾や造作を意識しつつ、除去できる部分は除去しながら使っていくことにする。

こうした方法を採るかぎり、記述に由来するゆがみから解放されないことは承知している。このゆがみを最小限にとどめるために不可欠なのが、最初に述べた倭国にもたらされた仏教の特性と歴史的背景の理解、そして同時代の中国・朝鮮仏教の正確な理解である。日本を取り巻く東アジア仏教の動向を正確に理解しておくことにより、時代から掛け離れた厩戸皇子仏教像や日本仏教史観に陥らぬガードレールが形成し得ると考えるからである。それでもなおゆがみは払拭し得ないであろうし、そこでなされる厩戸皇子の仏教や黎明期日本仏教の復原は、いわば可能態としての復原ということになろう。だがこの時代の日本仏教分析を断念しないならば、それは受け入れるべき限界とせねばならないのである。

仏教の誕生と流伝

ゴータマの教えから部派仏教へ

仏教誕生とその時代

紀元前五世紀後半、ゴータマ＝シッダールタ（釈迦仏《しゃかぶつ》）がガンジス川・ジャムナー川中流域で革新的な教えを説き始めた時期、北インドは社会的・経済的大変動期に当たっていた。旧来の生活圏を超えた交通が始まり、物資の流通は飛躍的な広がりを見せる。ここに広域化した商業で富を蓄積した富裕商人（経典に登場する「長者」たちのような大商人）や新興庶民階級など、伝統的身分秩序には収まりきらない社会階層が出現していた。また旧来の社会階層においても、大きな変動のなかで信仰基盤は揺さぶられていた。

インド世界で今日まで支配的地位を占めてきた宗教は、バラモン教そしてその発展形態

図2　サールナート
ゴータマ最初の説法の地．仏教はここに始まった．

たるヒンドゥー教（インド教という意味）である。インドの歴史に及ぼした影響からしても、圧倒的信者数からしても、「インド教」の名にふさわしい宗教であろう。だがこの時期のバラモン教は、変動のなかから生まれてきた新たな宗教的ニーズを吸収しきれなかった。この新たなニーズを背景に、旧来のバラモン教に批判的な新宗教が輩出する。仏教そして後に「六師外道《ろくしげどう》」と呼ばれたジャイナ教・アージーヴィカ・ローカーヤタなどの新興宗教がそれである。その修行形態も、バラモン達の定住修行に対して、多くは各地で修行しつつ常に移動していく「遊行《ゆぎょう》」という形態を取った。こうした修行者は「シュラマナ（沙門《しゃもん》）」と呼ばれたが、二九歳で出家したゴータマが門をたたいて巡った師の多くも、ゴータマ自身も、そして最初の仏教徒であった彼の弟子達もこの「シュラマナ」であった。仏教は「反インド教」として誕生したのである。

ゴータマの教義

これら新興宗教に共通した最重要問題は、「我々の善悪行為に相応した善悪の報いは存在するのか?」というものであった。バラモン教においては既定の事実として肯定されてきたテーゼだが、この時期の新興宗教のなかでこのテーゼを肯定したのは、仏教とその兄弟とも言うべきジャイナ教だけであった。そして仏教は開祖ゴータマ以後も、報いを合理的に説明する業報《ごうほう》理論の構築に精力を傾注し続けるのである。

全仏教の源流たるゴータマの教えの要点を挙げれば、以下の通りである。まずわれわれの人生（「生」）を熟考することにより、「生」とは「苦」であることを得心し、この「生」から永久に逃れることを究極目的とする。この目的達成には、「生」の根拠であるわれわれの認識と対象を徹底的に観察することが求められる。その結果、認識も対象も恒常的実体は持たず（「諸行無常《しょぎょうむじょう》」「諸法無我《しょほうむが》」）、すべてはさまざまな条件に支えられた仮の存在として生滅している（「縁起《えんぎ》」）との真理に至る。そうすれば対象に向けられた執着は消え、もって執着に由来する「生」も消滅して寂静《じゃくじょう》状態（「涅槃《ねはん》」）に至ることができる。

この状態に到った者を尊称して「ブッダ（仏陀）」と呼び、そこに到ることが「成仏《じょうぶつ》」になるわけだが、これはそう簡単に到達し得るゴールではない。いかに修行に励んでも、生涯のうちに到達し得るかどうかという境地なのである。だから絶え間ない「苦」から逃れてこの境地に安住したいと願う者は、正しい修行に専心せねばならない。そのためには、まずは出家して教団（サンガ・僧伽《そうぎゃ》）に入ること。そして正しい指針のもとで修行に精進《しょうじん》することが必須とされたのである。

合理性と普遍性

ゴータマは紀元前五世紀インド世界の人間である。当然その教えのなかには、当時のインド的世界観・価値観といったものが反映している。だが同時に彼は、既成宗教ではなく新たな道を求めて出家した宗教者でもあった。伝統的束縛を相対化して本質に到ろうとした修行の結果、その教えは、人種・身分・種族・性別などの現世的差別を問わない普遍性と、あくまで人間の理解を前提として神秘的力に依存しない合理性を獲得していた。それはこの要約だけからでも、ある程度納得されよう。そしてこの合理性は、精神的教えのみならず現実生活についての教えにも及んでいた。

今日インド世界の寺院を巡っても分かることだが、ヒンドゥー教寺院に比べて仏教寺院は際立って清潔である。信徒の経済力もあるが、もともと仏教には、清潔で衛生的環境、修行しやすい快適環境を作りだす教えが含まれているのである。信徒の生活・修行の場は、仏教誕生当初から物理的清潔さを要求される場所だったのである。

実はここに、日本に仏教が根付いた潜在的理由があるように思われる。周知のごとく日本人の感覚においては、宗教的清浄と物理的清潔は不可分である。この感覚に、仏教施設に付帯する清潔さがアピールしたのではなかろうか。もちろん仏教の救済論が合理的・普遍的であったことは、日本で受容された大きな理由である。だが一方で物理的清潔さという生理的感覚に訴える要素も、意外に重要だったと思われるのである。

教団の躍進

こうしたゴータマの教え自体、既存のバラモン教秩序を超えるものであったが、それを語るに一般庶民の言葉を使ったことも画期的であった。旧来はこうした宗教上の教えは、バラモン祭司のみが特別な宗教言語で語るものとされていたからである。ゴータマの教えは、布教方法においても旧来の枠組みを超えるものであった。

このように既存の宗教秩序を超えて救済を説くゴータマの教えは、新しい階級たる新興商人、軍事的・政治的サバイバルに苦闘する王侯たち、そして旧来秩序の下では日の目を見なかった下層民にきわめて新鮮で魅力的に映った。こうした特色に加え、ゴータマの人間的魅力や巧みな説法、そして周囲に集まった富裕商人や王侯の後援によって、新興宗教の一つに過ぎなかった仏教教団は急速に勢力を伸長させる。ゴータマ在世中に、早くもガンジス川中流域を中心とした北インドの有力教団に成長するのである。

ただ彼の布教形態は「対機《たいき》説法《せっぽう》」と呼ばれるが、基本的に相手と一対一で対して、状況に即応した具体的教示を与えるものである。教化の場で発せられる教えは、ゴータマ個人から弟子個々人に向けたアドバイスという内容となる。こうした布教を主軸とする以上、弟子や信徒を引き付ける要因は、何といってもゴータマ個人の魅力ということになる。教えの持つ普遍性は背後に退いてしまうわけである。この普遍性が威力を発揮するためには、個々の教示の記憶を持ち寄った上で、それを万人向けの体系的教義に編成しなおす必要があった。それはゴータマ没（「仏滅」）後、残った弟子たちに委ねられることとなるのである。

仏滅後の教団

仏滅後の教団では、彼の教えそのままに厳格な出家修行生活を守りながら、生前のゴータマから弟子たちに発せられた教えを収集・整理して共通のテキスト（経典）を編纂する動きが活発化する。この編纂過程で、身分・種族の差別のみならず個々人の別をも問わない普遍性が前面に押しだされてくる。どこで誰によってまた誰に対して説かれても平等に、万人に理解可能なかたちで万人の救済を説く、世界宗教としての姿を現すのである。かくしてゴータマの個人的カリスマ依存から脱却した仏教は、紀元前三世紀ごろには全インドに広まるのである。

一方経典の編纂過程では、収集された個々の教えから普遍的課題を抽出して研究し、体系的・哲学的教理を追究する動きも活発となった。結果として主張の違いから数十の学派が生まれる一方で、仏教教団は、体系的に研究・組織された教義を持つに至る。紀元前一世紀までには、この体系的教義と戒律という生活規制（「法」）、ゴータマ＝ブッダ（「仏」）という崇敬対象、そしてそれらを共有する出家修行者集団（「僧」）という教団組織に必要な要素（「三宝」）を整えて、インド世界の有力教団に成長するのである。

こうした仏教の普遍宗教への脱皮を担ったのが、日本では一般に「小乗《しょうじょう》」と呼ばれ、仏教史では「上座部《じょうざぶ》」「部派《ぶは》」と呼称される教団である。彼らによる普遍的・体系的教義編成なくしては、仏教が世界宗教として広く流布することはなかった。「小乗」仏教なくしては「仏教公伝」も日本仏教自体も存在し得なかったのである。

部派仏教

彼らの仏教は、必ず出家して戒律を厳守しつつ禅定《ぜんじょう》に邁進するなかで、ゴータマの説いた法を研究して自身のみの涅槃を目指すものであった。そしてインド本土の仏教が衰微する一三世紀初めまで、部派仏教はインド仏教の主流たり続ける。その一方でスリランカ、ミャンマー、タイにも流布していわゆる「南伝仏教」として今日にまで至っているのである。

こうした重要な位置と役割を持する部派仏教なのだが、日本を含む東アジア仏教では、先述のごとく「小乗（自分一人しか救済できない狭い教え）」と呼ばれて評価は著しく低い。これは後述するが、五世紀以後東アジアに流布したのが、部派仏教批判を至上命題として登場した「大乗《だいじょう》」仏教だったからである。倭国に伝来したのも大乗仏教である。後述するように部派仏教がこの地域に伝来しなかったわけではない。ただ最終的に流布したのは大乗仏教の方であり、その結果部派仏教は、もっぱら「小乗」という批判対象としてしか認知されなかったのである。

東アジア仏教がこうした道をたどった理由は、いくつか考えられる。だがその考察に進む前に、大乗仏教とはいかなる存在だったかを見ておこう。

大乗仏教の形成

大乗《だいじょう》仏教の発生は、紀元前一世紀ごろとされる。この新仏教は、他者の救済を自身の成仏《じょうぶつ》の要件とする「自利利他《じりりた》」の旗印を掲げた。そして出家・在家を問わず、その実現に向かって「利他行（菩薩行《ぼさつぎょう》）」を実践し続ける「菩薩」が正当な仏教徒であるとし、大乗仏教徒こそがその「菩薩」であると宣言したのである。

大乗仏教誕生

大乗仏教成立の具体相は、今なお謎である。ただ土壌となったのは、ゴータマの遺骨を祭った仏塔への巡礼・礼拝において培《つちか》われ、その伝記編纂をも促したゴータマ＝ブッダ信仰であったとされている。この信仰自体は部派仏教のなかでも流布していたが、大乗仏教で重視される巡礼や礼拝は、部派教団の正員たる出家修行者には戒律で禁じられていた。したがって大乗仏教の土壌を用意したのは、そうした巡礼や礼拝こそが主行業であった在家信者だったと考えられている。そのため大乗仏教の行業には、部派仏教では如法《にょほう》な修行と認め難いものもあった。

だからといって大乗仏教は、ゴータマの教えの変形として形成されたわけではない。部派仏教の誤った解釈を正してゴータマの本意を明かす教義として提唱され、その所説も新鮮な説得力を備えていた。だからこそ部派仏教の優位を覆すには至らなかったものの、在家のみならず多くの出家修行者の帰依《きえ》をも集めていったのである。

ただそうした教義を創始することは、在家信者には無理である。可能なのは教理の専門的解釈に携わっていた部派教団の出家修行者だけであろう。そして教団の本拠地にいた出家修行者には、部派の伝統から逸脱する解釈は取り難い。おそらくは本拠地から離れて仏塔周辺で修行していた出家修行者が、大乗教義の創始者であったと考えられている。彼らは在家の巡礼者と接するなかで、在家のニーズを取り込んで大乗教義を形成していったのである。

かくして大乗教義は、部派の厳格な戒律や修行専心の生活を実践し得ない在家信者のニーズを色濃く反映したものとなった。大乗教徒の修行要件たる「六波羅蜜《ろくはらみつ》（布施《ふせ》・持戒《じかい》・忍辱《にんにく》・精進《しょうじん》・禅定《ぜんじょう》・智慧《ちえ》）」にしても、在家生活とは相容れない実践要求を緩和した内容でまとめられている。そしてゴータマの訓戒と、こうした大乗教義とを融合させるために強調されたのが、「慈悲」と「心」の重視であった。

大乗教義における「心」

まず「心」の重視だが、ゴータマも部派仏教も説くところは、自身の心の動きを観察し、心の塵を取り除いて真理に至る道である。「心」は当初から仏教の最重要項目であった。ただ部派ではゴータマの訓戒そのものの厳守を至上命題としたために、「心」の修練でも訓戒で示された戒律や修行の「かたち」を忠実に守ることが求められた。部派において「涅槃《ねはん》」への道は、ゴータマの訓戒以外にはありえなかったのである。

大乗仏教はこの「かたち」の重視を相対化させた。「心」の錬磨こそが重要なのだから、無理に形にこだわらなくともよいとしたのである。外面的な「かたち」にこだわるのは、ゴータマが戒めた「執着」にもなる。ゴータマの訓戒の文言にとらわれることなく、最も有効な修行で「心」の錬磨に努めるのが、ゴータマ本意に沿う道であると主張したのである。そしてそのための最も有効な方法として考え出されたのが、ゴータマが実行した修行のエッセンスとして抽出された「六波羅蜜」であった。ただシャカの訓戒に見えない「六波羅蜜」による成仏という主張は、教理的説明だけでは成仏の確信には至り難い。そこで大乗仏教の創唱者たちが成仏保証の拠所としたのが、ゴータマの「慈悲」であった。

大乗教義における「慈悲」

大乗教徒は次のごとく主張する。ゴータマ＝ブッダの一代記を見るに、悟《さと》りを開いて仏となったゴータマは最初布教を断念しようとした。だが梵天《ぼんてん》の懇願を受けて、仏の「大悲《だいひ》（平等にして無限の慈悲）」をもって衆《しゅ》生《じょう》救済《きゅうさい》（成仏・涅槃）のため布教を決意したはずだ。その救済が厳しい戒律を守り得る出家修行者のみにもたらされるのでは「大悲」とは言えない。そこからはずれる大半の衆生にも、当然救済される道がなくてはならない。その道こそゴータマの真の教えである大乗仏教の道、すなわち「六波羅蜜」の実践なのだ。そしてゴータマの「大悲」に預かる大乗教徒としては、それに応えるべく、自らも「大悲」行業の実践に努めねばならない。

つまり大乗教徒は、まずゴータマ＝ブッダの「大悲」を自らの成仏可能性の根拠とした。その上で戒律の重心を「心」そのものを問題とする方向へとシフトさせ、部派教団僧侶のような恵まれた環境にいなくては不可能な厳格主義を相対化したのである。かくして大乗

図3　ナーランダー寺跡
インド仏教最大の学問寺．中国留学僧玄奘・義浄も学んだ．

教徒は、ゴータマ以来の厳格な出家主義や部派仏教の戒律厳守といった形式要件から仏教を解放した。在家信者でも成仏を目指した修行が可能になったのである。

こうした教えの中核だけではない。この後も大乗仏教は、一般人も理解しやすく受入れやすい教えを説く経典、人々の願いに応えてくれる新たな仏格、そしてそれらを支える体系的哲学を生み出していく。それらは部派仏教の高踏的な宗教生活や消極的な他者救済姿勢に不満を抱いていた人々に、広く成仏の可能性を開放するものであった。

さらに大乗教徒が自ら望んだ結果ではないが、教えの伝授様態も間口を広げる

ことに貢献した。部派仏教では教えを集約した経文は、暗誦によって記憶に蓄えられ、口伝《くでん》で弟子に伝えられていた。書き物として残されることは稀《まれ》だったのである。ところが大乗教団には、大量の経文を暗誦した長老僧は多く加わらなかった。そのため部派と同じやり方では、教えを広く行き渡らせることはできない。そこで長老僧に代わって教えを伝える役割を担わされたのが書き物の経典である。そして単なる記録物である経典が、教えを伝える長老僧と重ねられて、さらには教えそのものの象徴として崇敬されるようになっていく。大乗仏教では経典が、「三宝《さんぼう》」の一つたる「法」の具現物として重視されていくのである。こうして説法者を必要としない「法」の存在様態が公認されたことも、大乗仏教の適応領域を広げるものであった。

世界宗教への道

東アジアで大乗仏教が部派仏教を凌駕《りょうが》した原因も、この適応力にあったと考えられる。それが最も集約的に観取されるのは、教団内規制

（戒律）の扱いである。部派仏教の戒律遵守要求は一貫して出家者を想定したものである。各地の風土や習俗によって弾力的に運用することは認められている（「随方毘尼《ずいほうびに》」）。だが出家という前提は不動であり、それ以外の戒律の在り方は基本的に問題外なのである。こうした戒律観を、たとえば神仙道《じんせんどう》という出家に似て非なる習俗しか持たない中国社会に強要したならば、かなりの摩擦を引起こしたであろう。この点「心」重視を徹底して、戒律の柔軟かつ広範囲な適用を可能にした大乗仏教は、異国社会への適応性においてはるかに勝っていたのである。

一方部派仏教が強固な基盤を築いていたインドでは、大乗仏教が部派仏教に取って代わることはなかった。また双方は背を向け合って別々に修行していたわけではなく、多くの寺院で共住・共学している。そして双方の差異といえば、五世紀初頭に入竺した法顕《ほっけん》や七世紀前半入竺の玄奘《げんじょう》が指摘しているのは、拝む本尊と読む経典の違いだけである（『仏国記《ぶっこくき》』『大唐西域記《だいとうさいいきき》』）。つまり戒律に関しても、出家僧の寺院生活においては大乗僧も部派僧と同じ戒律を守っていたのである。中国・日本でイメージされる大乗対小乗という図式は、インドの出家修行生活においては存在しなかったようである。

いずれにせよ東アジアのような風土も文化もまったく異なる地域に仏教が流布するため

には、大乗仏教の登場は不可欠であった。在家のニーズにこたえて登場した大乗仏教の特色は、むしろ異国での布教において、大きな長所として生かされることになったのである。

中国への流伝

「金人」到来

中国への仏教伝来については、諸書にさまざまな説が見えている。伝来年次も、古くは孔子《こうし》がブッダを知っていた（『列子《れっし》』巻四）とか老子《ろうし》がブッダを教化した（『老子化胡経《ろうしけこきょう》』）という類から、秦《しん》代説、前漢《ぜんかん》代説、後漢《ごかん》代説と、年次的にも五〇〇年以上にわたるバラつきがある。そのうち広く流布したのは、後漢明帝《めいてい》の西暦六四年の伝来を説く伝説である。最初期の二史料で概要をみておこう。

初め、帝、金人《きんじん》の長大にして、頂《いただき》に日月の光あるを夢に見、以て群臣に問う。或るもの曰わく、「西方に神あり。その名を仏と曰う。その形《かたち》長大なり。しかしてその道術を問い、中国にわたりて、その形像を図せり。」（『後漢紀』巻一〇）

昔、孝明皇帝、神人を夢に見る。身に日光有りて、飛びて殿前にあり。欣然《きんぜん》として悦《よろこ》び、明くる日、ひろく群臣に問う。「これは何の神なるや。」通人傅毅《ふき》ありて曰わく、「臣聞く。天竺《てんじく》に得道の者有り。号して仏と曰う。虚空を飛行し、身に日光有り。ほとんどその神なり。」ここにおいて上《かみ》悟り、使者張騫《ちようけん》（中略）等十八人を大月氏《だいげつし》に遣わし、仏経四十二章を写さしむ。（中略）洛陽城西雍門外に仏寺をたつ。

（『弘明集《ぐみようしゆう》』巻一所収『牟子理惑論《むしりわくろん》』）

これらは内容はもちろん、年次も史実とは考えられない。中国に仏教が伝来したのは、前漢武帝《ぶてい》の命による張騫の西域遠征後まもなく、つまり紀元前一世紀ごろのことと考えられるからである。ただここから中国で仏教が、当初どのように認識されたかはよく分かる。

仏像信仰としての仏教

もっとも象徴的なのが夢に現れた「金人」である。それは全身に塗金《ときん》を施し、光背《こうはい》を負った仏像の姿である。異国の宗教に接した時、最初にインパクトを受けるのは視覚的要素なのである。倭国《わこく》の「仏教公伝」記事にも同様の反応が見えているが、中国人においても倭国人においても、初めて接した仏教のイメージは、仏像に収斂《しゆうれん》していたのである。

これは考えてみれば当り前のことである。仏教を構成する要素のなかで本来もっとも重要なのは教義であろう。だが言葉も文化も思考も異なる地域に伝播《でんぱ》していく際には、この教義こそ一番伝え難い部分なのである。まず第一に経典は異国語で書かれていて理解不能である。翻訳して説明したとしても、踏まえている世界観や通念がまったく異なるのだから、そう簡単には通じない。経典の翻訳が始まっても、事態はすぐには改善されないのである。教義の本筋を正確に理解するのに、中国では六〇〇年かかっているのである。

一方仏像を信仰する分には、必ずしも教義を理解している必要はない。相応の敬意を払って教えられた通りに祭祀を行い、誠実に祈りを捧げればよいのである。なじみのない容貌も異国出身のこととて、神秘性や未知の呪力《じゆりよく》に対する興味を喚起する方向に働くであろう。思想文化が異文化圏に伝播していく際に一番にアピールするのは、こうした直接視覚に訴える部分なのである。具体的にどんな仏像が伝来していたかは不明だが、仏教はまずは仏像のイメージに導かれた仏信仰として受容されたのであり、教義についてはほとんど無理解だったのである。

在来神と仏

最初期の中国「仏教」は、こうした仏信仰として流布していく。何しろ教義が理解されていないのだから、仏と在来神との区別にしても着けようがない。先の史料でも「神」「神人」と記されているように、在来神と同列の存在と受け取られて、同種の祈願がなされたのである。

記録上確認し得る最初の仏教信者とされる楚王英《そおうえい》（?～七一）は、

黄老《こうろう》の微言《びげん》を誦し、浮屠《ふと》の仁祠《じんし》をたっとび、潔斎《けつさい》すること三月、神と誓をなす。

晩節さらに黄老をこのみ、浮屠の斎戒・祭祀を学ぶ。（『後漢書』巻四二）

と記され、同じく君主で最初の信者とされる桓帝《かんてい》（在位一四七～一六七）は、

芳林《ほうりん》を飾り、濯竜《たくりゅう》の宮を考え、華蓋《けがい》を設け、以て浮図《ふと》・老子を祠《まつ》る。これまさに所謂《いわゆる》「神に聴く」か。（『後漢書』巻七）

と記されている。彼らは道教の黄帝・老子と並べて「道術」（『後漢紀』）を使う「浮屠（仏陀）」を祭り、それらと同じ「神」として現世福徳や不老長寿を祈ったのである。

後述するように五〇〇年後の倭国でも、伝来した仏像を「蕃神《あだしくにのかみ》」（『日本書紀』巻一九）、「他国神」（『元興寺縁起』）と呼んでいるが、同様の現象は先行した中国でも見られたことだったのである。そして信仰内容がこうしたものである以上、僧侶に対する認識も道教における道士に対するそれと大して違わなかったはずである。

一般中国人の出家が公許されるのは四世紀初頭の後趙《ごちょう》においてである。それ以前から中国人僧尼は増加しつつあったが、当初は西域やインド出身の外国僧が主役である。言葉の通じない彼らが直接教化に当たることは少なかったであろう。彼らが布教活動として精力を傾けたのは、援助を求めながらの寺院・法《ほう》会《え》の振興や経典訳出であった。そして有力援助者がいれば可能な寺院・法会振興と異なり、訳経事業は簡単には進まないのである。

訳経事業の始まり

経典言語と漢語の双方を読み書きできる通訳がいるだけでは経典翻訳はできない。インド起源の特異な思想である仏教の概念・用語を、まったく文化的基盤を異にする漢語に直すのは、単純な翻訳作業ではない。翻訳能力に加えて仏教教理に通じた者でなければ不可能な作業なのである。外国僧は各地に来朝してはいたが、その多くは漢語に堪能ではなかった。そして教理に通じ翻訳能力も持つ中国僧はまだ育っていなかった。また翻訳の素材にしても、中国の思想状況に適した経典ばかりがもたらされるわけではない。結局初期の訳経事業は、経典と外国学僧と翻訳者との幸運な出会いがあった時のみに実現する散発的現象だったのである。したがって三世紀前半までの訳出経典には、明確な傾向は現れていない。安世高のように小乗《しょうじょう》教学の学僧で小乗経典を多く訳出する者も少なくなかった。

三世紀中葉の中国仏教は、大乗《だいじょう》・小乗二系統がその区別も理解されないまま混在するという混沌とした状況だったのである。

それが三世紀後期に、『正法華経《しょうほけ》』『維摩詰経《ゆいまきつ》』などの重要経典はじめ大乗経典を中心に一五〇巻以上を訳出した竺法護《じくほうご》が現れ、大乗テキストは格段に充実する。そしてこれにともなって大乗のみを正しい仏教として小乗は誤りとする、大乗教徒流の認識が広がり始める。こうした認識は今日に至るまで東アジア仏教の通念であるが、それはこの時期に始まるのである。

中国社会への浸透

もう一つ外国僧が尽力したのが、仏教に対する有力者の支援獲得である。そしてそれが成功した場合、多くは仏教教化がアピールした結果ではなかった。外国僧が仏から引出すことを、あるいは彼ら自身が発揮することを期待された攘災招福《じょうさいしょうふく》の呪力こそが大きな理由だったのである。

外国僧にしてみれば、仏教を本来の在り方で中国に定着させることが最優先課題である。したがって彼らからすれば、これを実現するための方便として呪力をアピールするという理屈になる。だが中国人信徒が期待したのは、もっぱら方便たる呪力の方だった。そして後世においても、ほとんどの信徒の願意は現世の福徳であり、仏教に期待するのはそれを実現する呪力であり続けるのである。東アジアの仏教受容の土壌は現世利益《げんぜりやく》追求なのである。先進的知識人に正確な仏教理解に基づく信仰が形成されるとしても、それはかなり遅れてのことでありまた常に少数派にとどまる。そうした信仰がそのままのかたちで大衆を巻き込むことはないのである。

したがって伝来初期の中国人の出家は、多くが現世利益目的のものと考えられる。そしてそうした出家者の意識や資質が高いはずもない。実際黎明期の中国人僧侶の資質は、決して上等ではなかった。三世紀後半の『牟子理惑論《むしりわく》』には、次のような僧侶批判が見えている。

仏道は、無為《むい》を重んじ、施与《せよ》を楽《のぞ》み、持戒《じかい》に兢兢《きょうきょう》たること、深淵に臨むがごとし。今の沙門、酒漿《しゅしょう》を耽好《たんこう》して、或いは妻子を蓄《たくわ》う。賤を取りて貴を売り、もっぱら詐《さ》詒《たい》を行う。（『弘明集』巻一）

三〇〇年後の『二教論』（『広弘明集《こうぐみょうしゅう》』巻八）でも同種の批判が見えているから、時代を問わず僧侶の資質確保は至難の業だったようであるが、ともかく最初期の中国僧の行状は、こうした有様だったのである。

「持戒に兢兢たること、深淵に臨むがごとし」と言っているのだから、戒律の知識は伝わっている。だが実践は容易にはともなわなかったのである。この主原因は、当時の戒律知識が律条の条文程度にとどまったためと考えられる。後に日本でも見られる現象だが、いくら律条を知っていても、守る必然性を理解しなければ持戒にはつながらない。この時期の中国僧も、律条項がいかなる目的のためにいかなる理由から守られる必要があるのか、理解していなかったのである。

僧尼の仏教理解

七世紀ごろまでの倭人僧尼が置かれていたのも、おそらく似た状況である。百済《くだら》や高句麗《こうくり》からどの程度の戒律知識を得ていたかは分からない。だが後述の倭人僧侶による推古《すいこ》朝末年の傷害事件から考えるに、奈良時代以前の一般僧尼の水準は、ここに批判されている僧侶と同程度だったと見られるのである。

この憂慮すべき状況に対して、中国では四世紀の道安《どうあん》によって梃入《てこい》れが図られ、七世紀の道宣《どうせん》によって戒律体系が整備される。そして日本では道宣一門に属する鑑真《がんじん》によって、その戒律体系の導入がなされることになる。だが本書で扱うのは、そうした本格的整備には程遠い段階にあった時期なのである。

中国仏教の形成

中国思想との交渉

最初期の僧侶が、いかなる階層の出身だったかは分からない。ただ中国社会において仏教教義を理解し受容した階層は、古い歴史と高い教養を誇る中国知識人であった。そして彼らは、既存の高度な思想体系である儒家や道家思想をよりどころとしていた。そのため仏教教義の受容も、これらの思想との会通《えつう》やこれらを介しての近似的理解からスタートすることになった。

前者の早い例が先の『牟子理惑論《むしりわく》』に見えている。原文には在来思想側から提起された疑問点と回答とが併記されているが、疑問の方をいくつか挙げておこう。

問うて曰わく、「孝経《こうきょう》に言わく、『身体髪膚《はっぷ》、これを父母に受く。あえて毀傷《きしょう》せざれ』と。曾子《そうし》没に臨み、わが手を啓し、わが足を啓す。いま沙門、頭《かしら》を剃る。何ぞそれ、聖人の語に違《たが》い、孝子の道に合わざるや。」（『弘明集《ぐみょうしゅう》』巻一）

問うて曰わく、「それ福は、嗣《あと》を継ぐに踰《こ》ゆるはなく、不孝は、後《あと》無きに過ぐるはなし。沙門、妻子を捨て、財貨を捐《す》て、或いは終身娶《めと》らず。何ぞそれ、福孝の行に違うや。自ら苦しみて奇とする無く、自ら極まりて異とする無し。」（同）

問うて曰わく、「仏道に言わく、『人死して、また更に生まるべし』と。僕《ぼく》、この審《つまび》らかなるを信ぜず。」（同）

問うて曰わく、「道をなす者は、或いは穀《こく》を辟《さ》けて食せず。しかして酒を飲み、肉を啖《くら》う。また云わく、『老氏の術なり』と。然るに仏道、酒肉を以て上誡となし、反《かえ》りて穀を食《しょく》す。何ぞそれ乖《そむ》き異なるや。」（同）

このように既存の通念や価値観と衝突する部分を摘出し会通を図るのが、仏教教義受容の最初の試みであった。

そしてもう一つ後者の具体例が格義《かくぎ》仏教である。格義仏教とは四世紀中ごろの竺法雅《じくほうが》・康法朗《こうほうろう》らが採った教義解釈法で、老荘思想の概念・用語を近似的に用いて仏教のそれを説明しようとする方法である。あくまで近似的方法であるから決して正確ではない。その多くは後に批判を受けて消え去っている。だがこれを不正確だからといって全否定するのは当たらない。

まだやっと知識人社会が仏教教義の存在を認知したばかりなのである。理解の源泉である漢訳経典ライブラリーは、充実してきたとはいえ到底十分とは言えない。教義を正確に理解し得る前提が、まだできていないのである。こうした状況で教義を説明する方法としては、格義仏教はきわめて有効だったはずである。次に見る道安《どうあん》が訳経では格義的解釈を批判しながら、経典注釈では格義的方法を採っていることは、それを証明している。格義仏教は、まったく異質の生活・思想環境に育った仏教と中国知識人の隔たりを埋める役割を担ったのである。

中国仏教への模索

こうした過渡的状況が解消されるのはかなり後のことになるが、解消に大きく貢献した人物が格義仏教最盛期の四世紀に現れる。初めての中国人師僧として、また『般若経《はんにゃ》』系経典を中心に多くの注釈を著したとして有名な道安である。彼はまた訳経における留意規定制定や偽経《ぎきょう》判定のための経録編纂も行ったほか、初めて中国人向けの独自戒律たる「僧制《そうせい》」を制定している。おそらく先の『牟子理惑論』で見たような僧侶の惨状を憂慮してのことであろう。かくして道安によって、独自の戒律、インドには存在しなかった経録、東アジア初めての訳経規定と、以後の中国仏教の方向を決める外枠が構築されるのである。

こうした道安の行動には、インド仏教の忠実な継受にこだわらない姿勢が窺われる。例えば「僧制」である。中国人僧侶の教団が形成されるのは三世紀後半から四世紀初めだが、その統制に戒律による行為規制は不可欠であった。とはいえインド部派仏教の戒律をそのまま適用することは、現実的に不可能である。それで道安の時代から各教団・寺院で「僧制」と呼ばれる独自法規を制定して、戒律では解決しない部分を補うようになる。ちなみに風土・習俗が異なる地域において戒律条項を柔軟に運用することは、「随方毘尼《ずいほうびに》」として『五分律《ごぶんりつ》』などで認められている。したがって「僧制」を制定して補完的に適用することに問題はない。だがこれもインド仏教を絶対視していたら、なかなか採りにくい方策である。そして道安の行為はこうした穏当な範囲にとどまるものばかりではなかった。

例えば律典漢訳に際して、中国の社会通念と相容れない部分の削除までしている。こうした恣意的な添削は、経典翻訳でも行われたようである。これらは場合によってはシャカの教えを改変する行為であるし、インド仏教の継受から明らかに逸脱する行為である。こうした本家仏教の相対視は中国仏教の伏流となっていくが、道安の時点ではあまり積極的意味を付与することはできまい。中国仏教が試行錯誤の段階を抜けていなかった結果と評すべきであろう。

「古訳」から「旧訳」へ

こうした状況に転機が訪れたのは、鳩摩羅什《くまらじゅう》の翻訳事業からである。亀茲《くじ》国出身の羅什は西域に名高い大乗《だいじょう》学者だったが、三八二年に母国を前秦《ぜんしん》に滅ぼされて中国に迎えられる。以後十数年間訳経に従事し、『大品般若経《だいぼんはんにゃきょう》』『金剛般若経《こんごうはんにゃ》』『妙法華経《みょうほけ》』『維摩経《ゆいま》』『阿弥陀経《あみだ》』といった東アジアで大いに流布する大乗経典、『中論』『百論』『十二門論』『大智度論《だいちど》』『成実論《じょうじつ》』などの中観《ちゅうがん》論書、そして『十誦律《じゅうじゅりつ》』などの律典や禅経典まで合わせて三〇〇巻にものぼる仏典を翻訳したのである。

ここに至って中国仏教のテキストは、質量ともに飛躍的向上をみる。訳経史上では羅什を境に、散発的で訳文も拙《つたな》い「古訳《こやく》」の時代から、必要な仏典を選んで羅什流の流暢で分かりやすい漢語に翻訳する「旧訳《くやく》」の時代に入る。「旧訳」の時代は初唐の玄奘《げんじょう》による「新訳」の登場まで続く。それは羅什の訳業に始まり、曇無讖《どんむしん》訳『涅槃経《ねはん》』『金光明経《こんこうみょう》』、仏駄跋陀羅《ぶつだばだら》訳『華厳経《けごん》』、求那跋陀羅《ぐなばだら》訳『勝鬘経《しょうまん》』などの重要大乗経典が続々訳出された時代であった。また律典でも『十誦律』に加えて『四分律《しぶん》』『摩訶僧祇律《まかそうぎ》』『五分律《ごぶん》』が相

図4　雲崗石窟
六朝時代初めの5世紀後半に開鑿された.

次いで訳出され、五世紀前半には「四大広律《しだいこうりつ》」が出揃う。中国仏教のライブラリーは一気に充実するのである。

これにともなって教学的理解が飛躍的に進むとともに、戒律の理解・認識も格段に正確なものとなっていく。中国仏教は、前代までの恣意的な解釈や理解不足による誤解からようやく抜け出すのである。この時代は中国仏教が本格的に整備される六朝時代と重なるが、整備作業はこの「旧訳」テキストに依拠してなされたのである。

その六朝仏教で重用されていた経典は、まずは仏教界で教学的に重視されていた『涅槃経』。そして僧俗を問わず功徳《くどく》大なる経典として信仰を集めた『法華経』である。

ことに『法華経』は日本でも圧倒的な人気を集めるが、そのルーツは六朝仏教なのである。このほか倭国仏教で名前の見える『勝鬘経』『維摩経』も、やはり六朝仏教界で重視された経典であった。

六朝教学の形成

優秀な翻訳家であった羅什は、中国人学僧のよき教師でもあった。彼の下へは「門下三千人」と称された弟子や客が集まり、その中からは六朝仏教教学を主導した学僧が輩出する。六朝仏教を飾る中国最初の学派の多くは、彼らによって形成されたのである。

例えば三論《さんろん》学派はインド中観哲学の中心テキストたる『中論』『百論』『十二門論』を研究する学派で、羅什本流といってもよい学派である。この学派は羅什の高弟であった僧《そう》叡《えい》・僧肇《そうじょう》から高句麗《こうくり》の僧朗《そうろう》をへて僧詮、法朗、そして中国三論宗の開祖吉蔵《きちぞう》へと継受されていく。そしてこの間に僧朗によって高句麗に伝わった三論教学は、倭国にも大きな影響を与えるのである。

また成実《じょうじつ》学派は『成実論』に依拠する学派で、ことに南朝の梁《りょう》において最盛期を現出する。聖徳太子選とされた『三経《さんぎょう》義疏《ぎしょ》』も、梁の三大法師と称される成実学僧、法雲《ほううん》・智蔵《ちぞう》・僧旻《そうみん》の注釈に依拠して作られている。倭国仏教の直接の供給源は朝鮮半島諸国であったが、その源は六朝仏教なのである。仏教を担う倭人たちの目標が、当初の朝鮮諸国から中国に移って行ったのは、当然の成行きであった。

ただこの六朝仏教の水準を、隋唐《ずいとう》仏教のような完成されたものと考えるのは誤りである。例えば大乗仏教を正義とする理解が定着するのは六朝期である。当然六朝期の諸宗派は自宗教理を大乗教理と認識している。ところが成実学派が依拠した『成実論』は、実は小乗論書なのである。にもかかわらず『成実論』研究が盛行したのは、これを大乗論と誤解した結果である。そして六朝末期の吉蔵が決着を着けるまでは、この誤解は解かれていない。つまり六朝段階では、大乗論と小乗論とを正確には弁別できなかったのである。

また六朝で盛行した学派に、摂論《しょうろん》学派・地論《じろん》学派がある。いずれも一世を風靡《ふうび》した学派だったが、隋唐に入ると急速に消滅してしまう。不完全な漢訳経論に依拠していたためである。そのため教義も整合的な体系を形成するまでに至らず、隋唐に完備した翻訳が現れると、教義が対応できなくなってしまったのである。

整備は格段に進んで完成を間近に控えていたといっても、六朝仏教はなお途上の仏教であった。

六朝仏教の諸相

倭国《わこく》に流入した仏教は、主にこうした六朝仏教であった。そして流入したのは経典・仏像・荘厳具などの仏具や教義といった仏教本体の情報・物品だけではない。六朝仏教で展開したさまざまな現象の情報も、あわせて伝播《でんぱ》したはずである。君主レベルの受容であった倭国の場合、そのなかには君主と仏教の関わりの情報もあったと考えられる。その一つとして伝わっていた可能性があるのが、南朝梁の武《ぶ》帝《てい》の事績である。

武帝は即位後まもなく深く仏教に帰依《きえ》し、仏寺建立、大規模な斎会《さいえ》開催、捨身《しゃしん》（自分の身を寺に施与して縁者に高額の金銭で買い戻させる布施の一形態）などの高額布施を次々に行った。あわせて道観を廃して道士を還俗させたり、宗廟《そうびょう》祭祀の供物から肉類を除くなど極端な仏教優遇政策を推進する。さらに断酒肉の持戒《じかい》生活のなかで、周囲に碩学《せきがく》の高僧を集めて講義をさせ、自身も教理を研究して何度も講経《こうきょう》を行っている。また『涅槃経』『大品般若経』などの義記や訳経序も著している。ほとんど僧侶が帝位についたような行状で、ことに晩年は「釈教《しゃっきょう》に溺る」（『南史』巻七）と評されるほどであった。結果として先述の三大法師を初めとする学匠を輩出し、仏寺二八四六所、僧尼八二七〇〇余人という六朝仏教の最盛期を現出したものの、この出費によって国家は疲弊して滅亡に至るのである。

六朝の在家信徒では飛び抜けて著名であり、仏教界の学匠たちにも引けを取らない事績を残した人物である。倭国にも何らかの情報は伝わっていたであろう。例えば前世の父母の恩に報いる盂蘭盆会《うらぼんえ》は、推古朝に始まり大化改新以後広まっていくが、これを初めて行ったのは武帝である。彼の事績情報とともにこの斎会が伝えられた可能性は高い。またこの他の事象でも倭国に伝えられた可能性は考えておくべきであろう。

一方北朝仏教の情報も伝わっていたはずである。なかでもその僧尼管理・統制の制度や政策が、推古朝末年に創設される僧綱《そうごう》制などに影響していたことは間違いない。ただ北朝仏教の根本にある「皇帝即如来」思想は、大王が神祇祭祀の総帥である倭国ではなじみにくい。大王家と仏教の関係を模索するなかで参照されたかもしれないが、受容されることはなかった。結局北朝仏教の影響は、制度面以外はそう大きくなかったと考えられるのである。

朝鮮三国の仏教

倭国《わこく》仏教の始まりは、六世紀の百済《くだら》からの「公伝」である。だが「公伝」前から奈良時代にかけて、倭国に仏教を供給した朝鮮諸国は百済のみではない。時期的な差異はあるが、朝鮮三国の仏教はそれぞれに倭国に大きな影響を与えている。倭国仏教の理解には、三国いずれの仏教も無視するわけにはいかないのである。

高句麗への流伝

朝鮮三国はそれぞれに仏教伝来説話を持っているが、ほぼ同時期の高句麗《こうくり》と百済は中国からの伝来である。まず高句麗では、小獣林王《しょうじゅうりんおう》二年（三七二）、後秦《ごしん》もしくは東晋《とうしん》から順道《じゅんどう》という僧が来朝したのが始まりとされる。以後高句麗仏教がどのような姿で推移したのかは不明である。ただ小獣林王を継いだ故国壌王《ここくじょうおう》が、「仏法を崇信し、福を求めよ」(『三国史記』巻一八)との教を下していることからするに、国家主導の招福祈禱仏教が主流だったと考えられる。中国とは南朝・北朝どちらとも盛んに交流しており、ことに北魏・北斉など北朝と親近していたようである。こうしたなかで中国に留学する僧も多く現れる。ことに三論《さんろん》教学においては南北朝の主な学派はすべて導入され、その水準も僧朗《そうろう》、慧灌《えかん》といった新三論宗開祖吉蔵《きちぞう》につながる学匠を輩出するなど中国と肩を並べるレベルにあった。

倭国仏教に対する影響も無視できない。倭国初めての出家戒師となった恵便《えべん》、厩戸《うまやど》皇子の師となった慧慈《えじ》、筆墨や画法を伝えた曇徴《どんちょう》、日本三論宗の祖となった慧灌など重要な役目を担った僧侶を多く送り出している。また倭国初めての大寺飛鳥《あすか》寺は高句麗様式で建てられているし、同寺本尊造立発願《ほつがん》の際には高句麗王から黄金三〇〇両が送られている。外交レベルの顕著な交流はないが、仏教における高句麗の影響は相当強くまた広範囲に及んでいるのである。

百済への流伝と再興

百済への伝来は三八四年、枕流王《ちんりゅうおう》が東晋から摩羅難陀《まらなんだ》を迎え入れたことである。百済仏教も初期の姿はよく分からないが、三九二年に阿華王《あかおう》が「仏法を崇信し、福を求めよ」との教を下した（『三国遺事』巻三）。この記事と先の『三国史記』巻一八高句麗故国壌王の記事は、きわめて字句が似通っている。どちらかが写したものと考えたいが、他に史料もないので判断は保留する）との記事を信ずるならば、高句麗同様の招福祈禱仏教だったと考えられる。

そしてこれ以後約一〇〇年間、百済仏教の記事はまったく見えない。ふたたび記事が現れるのは「仏教公伝」の直前の聖王《せいおう》四年（五二六）、謙益《けんやく》のインドからの帰国を巡る記事からである。謙益はこの時『五分律《ごぶんりつ》』梵本を持ち帰り翻訳している。またインド僧倍達多《ばいだつた》を同行していたが、これも戒律の師としてであろう。そしてこのとき曇旭《どんきょく》・恵仁《えにん》の二人は翻訳した『五分律』を注釈して律疏三六巻を著したが、これが百済律宗の初めとされている。

百済仏教の再出発、ある程度仏教を理解した後の再出発が、こうした戒律を核とした路線だったことは注目される。戒律は「三学」（戒《かい》・定《じょう》・慧《え》）の初門であるから、もともと仏教修学の最初に修むべき項目である。また僧侶としての資格を保障するのは戒律の遵《じゅん》守《しゅ》であるから、如法《にょほう》仏教の移植を実現するには、戒律に習熟した者を育成して僧侶を再生産していく必要がある。この点でも戒律は最初に整備されるべき項目なのである。ところが中国や倭国あるいは他の半島諸国を見れば分かるように、大抵はそうなってはいない。ある程度仏教を知ると、関心は知的興味を引きやすい教学にいってしまうのである。したがって百済のこうした路線選択は、戒律についての一定の理解や見識を示すものと考えられるのである。

百済仏教と戒律

中国ではなく直接インドに原本を求めた点も重要である。この時期中国でもすでに「四大広律《しだいこうりつ》」が訳出されて、かなり正確な戒律理解・運用が流布し始めている。普通ならば中国からテキストを将来すれば十分なはずである。それをしなかったのは、おそらく中国での恣意的な戒律運用の情報や「僧制」などの独自規制の存在から、中国戒律の正統性に疑問を持っていたためではあるまいか。帰国にインド僧をともなったのも、この正統性を確保して百済僧の僧侶資格の如法性・正統性を保証せしむるためだったと考えられる。

謙益が『五分律』をもたらしたことも、意図的選択という可能性がある。この律は正式な戒律が守れない環境にある教団のための柔軟運用（「随方毘尼《ずいほうびに》」）を明記して認めている。

風土がインドと異なる百済で用いるのに、これほどふさわしい律典はないのである。これが偶然の結果だったとしても、梵本が翻訳されてすぐに注疏が作られていることからするに、百済仏教の仏教理解はかなりの水準に達していたと考えられる。そして聖王《せいおう》のそして百済仏教の目指すところは、如法戒律仏教にとどまるものではなかった。

五四一年には梁《りょう》に遣使して、流行の『涅槃経《ねはんぎょう》』やその義記を取り寄せるなど、教理・教学の受容にも努めている。そして次の法王《ほうおう》は勅令によって全国に殺生《せっしょう》禁断を命じ、武王の代の六〇〇年には国の大寺たる王興寺《おうこうじ》を創建している。これらを見るに聖王以下の諸王が目指したのは、如法戒律という堅固な土台の上に築かれた如法仏教複合体だったと考えられる。そして出費を顧みずこの路線を突き進んだ百済仏教は、この時期、外見的にも内実でも理想的仏教国家の姿を現出しつつあった。聖王が倭国に「仏教公伝」をもたらし、以後の王たちも仏教供給を怠らなかった理由も、第一には対外戦争を有利に進めるための外交策であろうが、もう一つには、朝鮮半島随一の仏教国家の自負から来る義務感もあったように思われる。

一方「公伝」から半世紀後の五八八年、倭国から善信尼たちが戒律を求めて百済に留学する。謙益・曇旭・恵仁による律宗開宗以来、百済が戒律の本場となっていたからであろう。ただ百済仏教全体が光彩を放っていたことも、彼女たちを引き付けた要因と思われる。「公伝」後の倭国が継続して百済仏教の吸収に努めたのは、蘇我《そが》氏とのパイプの存在や百済側の積極的働きかけという理由ばかりではない。もっとも優れた仏教と映っていたからでもあった。かくして双方の積極姿勢を背景に、他の二国との間には見られなかった相互交流が展開したのである。

図5　百済弥勒寺石塔
武王の代7世紀初めの建立.

残る新羅《しらぎ》だが、他の二国に半世紀遅れた五世紀初期に高句麗から仏教が伝来したと伝えられる。その後在来信仰との軋轢《あつれき》をへて、法興王《ほうこうおう》の五二七年に公認される。公認の背景には、梁との交通による当地の仏教盛行の情報があったと考えられる。以後新羅は、梁仏教を参照しつつ国家主導で仏教を整備していく。政策的に仏教興隆と半島統一運動（戦争）をリンクさせて、強力な国家仏教建設に邁進するのである。法興王を継いだ真興王《しんこうおう》の代には、出家の公認、僧官制度創設、皇竜寺《こうりゅうじ》など諸大寺建設、仏像鋳造、法会《ほうえ》の開催、中国南朝仏教との交流と、全面的な仏教振興政策が展開する。そして同時に、仏教が自らを国益に沿う方向に変容させていく運動も、顕在化してくるのである。

早くも真興王の代には、高句麗僧恵亮《えりょう》によって代表的護国法会たる百座講会《ひゃくざこうえ》が創始されている。また有名な貴族青年練成集団たる「花郎《かろう》」も創設されている。「花郎」は弥勒《みろく》信仰にもとづく強固な同信集団だが、この信仰に連結した愛国的奉仕精神を叩き込まれる機関でもあった。この集団およびその出身者は、以後の半島統一運動のなかで大きな戦力となるのである。次いで七世紀前半には円光《えんこう》が出て、通常の五戒に代えて国家に奉仕する仏教者のための「世俗の五戒」を宣揚する。さらに中期には、仏教界の厳正化や最新教学の講義を初めとする各方面での仏教振興に尽力し「一代の仏法、ここにおいて興隆す」と称された慈蔵《じぞう》が現れる。彼の活動は、新羅は本来諸仏の加護する特別な仏国土であるという一種の「神国」思想に根差しており、強い国家意識を帯びていたのである。

新羅仏教の教学は、円光も慈蔵も『摂大乗論《しょうだいじょうろん》』を講じたとされていることからするに、摂論《しょうろん》学派に属するものと考えられる。慈蔵や「花郎」に見える弥勒信仰も、摂論学派のルーツであるインド唯識《ゆいしき》の系統から受け継いだものであろう。六朝仏教の最先端学派の一つを奉じていたわけである。七世紀には玄奘《げんじょう》が伝えた新唯識たる法相《ほっそう》教学で、玄奘の高弟円測《えんじき》や独自の教学を展開した元暁《がんぎょう》が出ているから、前身の摂論教学も相当の水準にあったと見られる。さらに戒律についても、慈蔵が『菩薩戒本』の講義や戒律の注釈をなしていることからするに、一定の水準には達していたと考えられる。慈蔵の時代（七世紀中期）前後には、倭国に伝播《でんぱ》してきてもよいように思われる。

だが一方で新羅仏教には、強い排他的国家意識が付随していた。これが他国に流布する障害となったと考えられる。自国を特別な仏国土と見なす意識がともなっていては、仏教の普遍性を前面に出すことは難しかったであろう。新羅仏教は奈良仏教には大きな影響を及ぼすが、それは統一新羅の仏教である。半島統一に向かって国家意識発揚に邁進していた三国時代の新羅においては、仏教を輸出して他国も平等に救済にあずかるという発想は出にくかったと思われる。倭国に対する新羅仏教の影響を考える場合には、考慮しておくべき点であろう。

以上源流たるゴータマの教えから、倭国伝来直前までの仏教の流れをたどってきた。仏教が日本では外来宗教である以上、どの時代の仏教でも供給した外国側の仏教が最初の所与条件である。そこに至るまでの経緯を含めてこの条件を照射してみたわけである。それでは倭国では所与の仏教をどのように認識し、どのように対応していったのだろうか。舞台を飛鳥に移して見てみよう。

仏教公伝

仏法東流

「公伝」以前

倭国《わこく》に仏教が伝来した時期は、正確には分からない。最も古い記録としては、『扶桑略記《ふそうりゃっき》』に継体《けいたい》天皇一六年（五二二）のこととして次のような記事が見えている。

> 大唐の漢人《あやひと》鞍部《くらつくりの》村主《すぐり》司馬《しば》達止《たつと》、この年春二月入朝す。即ち草堂を大和《やまと》国高市郡《たけちのこおり》坂田原に結び、本尊を安置し、帰依《きえ》礼拝す。世を挙げて皆云わく、「これ大唐の神なり」と。縁起に出ず。隠者この文を見るに、欽明《きんめい》天皇以前、唐人、仏像を持ち来たるなり。しかれども流布するに非ざるなり。（『扶桑略記』巻三、欽明天皇一三年条）

「縁起に出ず」と記しているように二次的記録であり、史実としての信憑性は疑問である。ただ六世紀初めごろまでには、かなりの渡来人が倭国に入っている。また中国にせよ朝鮮半島にせよ彼らの母国では、すでに仏教が一定の地歩を占めていた時期である。こうした現象は「仏教公伝」以前にも存在したであろう。むしろ注意すべきは、この記録が仏像への帰依と礼拝のみにスポットを当てている点である。『扶桑略記』筆者が注目しているのも、仏像が「公伝」以前にすでに伝来していたという点である。中国の仏教伝来説話でも見たように、受入れ側において仏教伝来とは仏像伝来のことなのである。

ただしこれは渡来人の信仰が、すべて仏像祭祀信仰だったという意味ではない。信仰の思想的・観念的内容は外見には現れ難い。そして仏教に接したことのない倭人がとらえ得るのは、その外見部分のみである。残っているのが倭国側の史料だけである以上、抽出し得るのは倭人の視野に入る範囲までである。渡来人たちの信仰の内面は窺い得ないのである。後述するように彼らの信仰も仏像祭祀以上のものではなかったであろうが、教義知識を持つ者がいた可能性も否定はできない。ただそうした知識が流布するには、倭国側にも近い水準の受け皿が不可欠である。そして当時まだ受け皿は存在しなかった。教義知識を持つ渡来人がいたとしても、その知識は倭人には伝わるべくもなかったし、記録にも残りようがなかったのである。

倭人が「世を挙げて」騒ぎ立てた仏像祭祀も、結局「流布するに非ざるなり」という結末に終わる。渡来人たちの仏教信仰は、一族ないしは共同体内での孤立した現象で終わったのである。だがこれも当然である。土着の

外来宗教流布の条件

倭人には、古来の祭儀にこたえて在地住人だけを守ってくれる専属の土着神がいる。その土着神の機嫌を損ねるリスクを冒して、倭人に何をもたらすのかも分からない「大唐の神」を祭るはずもない。リスクに見合うメリットが保証されない以上、飛び付く理由はどこにもなかったのである。

仏教にかぎらず外来宗教が流布するにはメリットの宣伝が不可欠である。そして東アジア諸国で仏教伝来期に宣伝の主体や客体たり得たのは王族・貴族・豪族である。東アジアに関しては、仏教が民間レベルから浸透する契機はほとんどなかった。仏教伝来を仏教が流布する直接の発端と定義するならば、倭国では隣国の王から倭国王へという「公伝」以外の契機は考えにくい。『日本書紀』の記す百済聖王《くだらせいおう》（聖明王）から欽明大王への「仏教公伝」は、史実と見てよいと考える。また以下で見ていくが、黎明《れいめい》期の倭国そして日本仏教は、「公伝」から始まった仏教ならではの特性を示すのである。

ただ渡来人氏族の仏教でも「公伝」された仏教でも同じだったのは、倭人から外国

「神」祭祀と認識される仏教だったことである。ゴータマの教えを概観した際に触れたように、世間を離脱した仏は、いわゆる「神」とは異質の存在である。仏教の教義も、祭祀によって利益を得るのではなく、修行によってこの世の束縛を離れることを教えるものである。だが中国伝播《でんぱ》に際して在来の御利益《ごりやく》信仰と同列視されて広まった経歴を持ち、朝鮮半島でも同様の歴史をたどっていた仏教は、すでにかなり変質していた。インド伝来の教理・教学仏教の上に、現世《げんぜ》利益信仰の厚い外皮をまとっていたのである。倭人たちに提示されたのはそうした仏教、つまり「本尊を安置し、帰依礼拝す」る「大唐の神」祭祀の仏教、『日本書紀《にほんしょき》』「公伝」記事でいう「蕃神」（『元興寺縁起《がんごうじえんぎ》』では「他国神」）を拝む仏教だったのである。

「公伝」の年次と意味

「仏教公伝」は『上宮聖徳法王帝説《じょうぐうしょうとくほうおうていせつ》』『元興寺縁起』によれば、欽明天皇戊午年（五三八）のこととされている。また『日本書紀』によれば、同天皇壬申年（五五二）のこととされる。戦後歴史学においては、後者は『日本書紀』でも仏教関係記事に深く関与した道慈《どうじ》による恣意的な年代設定とされてきた。すなわち道慈は自宗三論宗《さんろんしゅう》の末法《まっぽう》思想（五五二年を末法元年とする）、ないしは『大集経《だいじっきょう》』の末法思想（同年を末法第二時の造寺堅固元年とする）にのっとって、倭国の仏教元年を壬申年に置いたとされてきた。対するに『上宮聖徳法王帝説』『元興寺縁起』は『日本書紀』のような作為が少なく、成立もより古いと見られてきたため、もっぱらこちらの戊午年説が正しいとされてきたのである。だが近年この二史料の成立を『日本書紀』以後とする大山氏・吉田氏の研究も現れ、戊午年説も無批判に依拠できる説ではなくなっている。現状では六世紀中ごろのこととしておくのが無難であろう。

公伝の内実については以下で触れる。ここで注意しておくべきは、倭国そして日本仏教が国王から国王へ、さらに言えば国家対国家というレベルでスタートした意味である。もちろんこうした現象は、東アジアはもとより東南アジア諸国でも観取される。「公伝」は倭国特有の現象ではない。そして本家インド仏教のような個人救済ではなく、徹頭徹尾現世的存在である国家を主体とする枠組みでスタートしたことは、その後の歩みに東アジア仏教共通の刻印を残すこととなった。すなわち仏教の第一義を個人救済の教えではなく、現世利益招来の呪術とする通念である。純粋な個人救済宗教であったゴータマの教えからは想像もできない姿だが、この通念は倭国そして日本仏教に常に底流し続ける。もちろん知識が蓄積されるに従って、個人救済（中国大乗《だいじょう》仏教）信仰も広まった。だが現代日本人の仏教信仰を顧みれば明らかなように、この通念はいささかも薄まることなく貫流しているのである。

そしてもう一つ、国家主体の仏教である以上、一般民衆との接触が図られることはない。民衆世界に接触してくるのは、国家の囲い込みからこぼれたものだけである。このため民衆仏教は常に国家中枢周辺の仏教の後追い、しかも水準をかなり落しての後追いになる。民衆が主体・主導となる契機は、きわめて限定されることになった。ましてや最初期の飛鳥仏教では、民衆はまったく蚊帳《かや》の外に置かれることとなったのである。

「公伝」の様相

「公伝」の具体的様相は『日本書紀』と『元興寺縁起』に記されている。双方大方の内容は一致するが、『元興寺縁起』は寺院縁起であるため筋が追いにくいところもある。よって『日本書紀』の記述で見てみよう。まずは百済王の上表文と欽明大王の反応である。

百済の聖明王《せいめいおう》、またの名は聖王《せいおう》、西部《せいほう》姫氏《きし》達率《だちそち》怒唎斯致契《ぬりしちけい》等を遣《まだ》して、釈迦仏《しやかぶつ》の金銅像一軀・幡蓋《はたきぬがさ》若干・経論若干巻を献《たてまつ》る。別に表して、流通し礼拝《みずからおが》む功徳《のりのわざ》を讃《ほ》めて云《もう》さく、「この法は、もろもろの法の中に最も殊勝《すぐ》れています。解《さと》り難く入り難し。周公・孔子も、なおし知りたまうことあたわず。この法は、よく無量無辺の福徳果報を生《な》し、すなわち無上菩提《ぼだい》をなす。たとえば人の、こころのままなる宝を懐《いだ》きて、用《す》

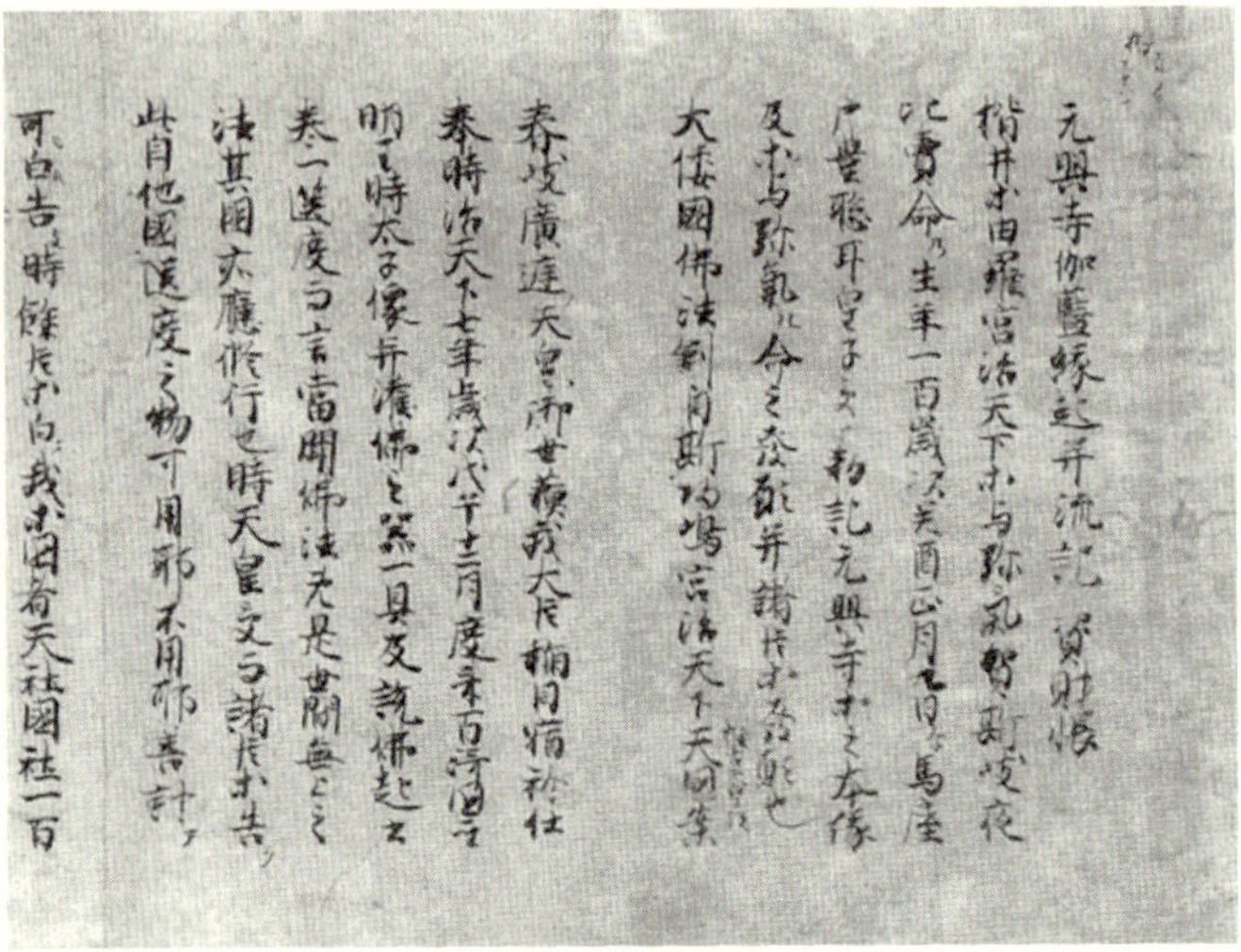
元興寺伽藍縁起并流記資財帳
楷井等由羅宮治天下等与弥気賀斯岐夜
比売命乃生年一百歳次癸酉正月元日於馬屋
戸豊聡耳皇子受勅記元興寺等之本縁
及等与弥気命之發願并諸臣等発願也
大倭国仏法創自斯帰嶋宮治天下天国案
春岐広庭天皇御世蘇我大臣稲目宿禰仕
奉時治天下七年歳次戊午十二月度来百済国
聖明王時太子像并灌仏之器一具及説仏起書
巻一篋度而言当聞仏法既是世間無上之
法其国亦応修行也時天皇受而諸臣等告
此自他国度之物可用耶不用耶善計
可白告時余臣等白我等国者天社国社一百

図6　『元興寺縁起』
仏教公伝が記されている．（醍醐寺所蔵）

べき所にしたがいて、ことごとくに情《こころ》のままなるが如く、この妙《たえ》なる法の宝も、また然なり。祈り願うこと、情のままにして、乏しき所無し。かつそれ遠くは天竺《てんじく》より、ここに三韓にいたるまでに、教にしたがい奉《う》け持《たも》ちて、尊び敬わずということ無し。これに由りて、百済の王臣明《めい》、謹みて陪臣怒唎斯致契を遣して、帝国《みかど》に伝え奉りて、畿内《うちつくに》に流通《あまねは》さむ。仏の、『我が法は東につたわらむ』とのたまえるを果たすなり。」

この日に天皇、聞こしめしおわりて、歓喜《よろこ》び踊躍《ほどはし》りたまいて、使者に詔《みことのり》して云《のたま》わく、「朕《われ》、昔よりこのかた、いまだかつて、かくの如き微妙《くわ》しき法を聞くことを得ず。然れども朕、自らさだむまじ。」群臣に歴《となめ》問《と》いて曰《のたま》わく、「西蕃《にしのとなりぐに》の献れる仏の相貌《かお》、端厳《きらぎら》し。もはらいまだかつて有らず。礼《うやま》うべきや不《いな》や。」

（『日本書紀』巻一九、欽明天皇一三年一〇月条）

『金光明最勝王経』との関係

以上の文章のうち聖王の表文の大半と欽明大王の反応の記述が、義浄《ぎじょう》訳『金光明最勝王経《こんこうみょうさいしょうおう》』の経文を用いたものであることは、藤井顕孝氏の研究以来、周知の事実である。すなわち表文冒頭から「すなわち無上菩提をなす」までは、

この金光明最勝王経は、諸の経の中に最も殊勝れています。解り難く入り難し。声《しょう》聞《もん》・独覚《どっかく》も、知りたまうことあたわざる所なり。この経は、よく無量無辺の福徳果報を生し、すなわち無上菩提をなす。

（巻一、如来寿量品《にょらいじゅりょうぼん》）

をほぼそのまま用いたものである。続く「たとえば人の、こころのままなる宝を懐きて」から「乏しき所無し」も、

人の室に妙宝の篋《はこ》有りて、受用《じゅゆう》する所に随って、ことごとく心に従うが如く、最勝王経もまた然り。福徳、心に随って、乏しき所無し。

（巻六、四天王護国品《してんのうごこくほん》）

を用いた文章である。そして「この日に天皇、聞こしめしおわりて」から「かくの如き微妙しき法を聞くことを得ず」も、同じ巻の

その時四天王、この頌を聞きおわりて、歓喜び踊躍りたまいて、仏に白《もう》して言わく、「世尊よ。我、昔よりこのかた、いまだかつて、かくの如き甚深《じんじん》微妙の法を聞くことを得ず。」（同）

を踏まえたものである。そして『金光明最勝王経』の訳出は七〇三年であるから、「公伝」時の上表や詔に経文が用いられるはずはない。こうした所から藤井氏は、この記述を『日本書紀』編纂者の述作と結論したのである。

氏の見解は妥当であろう。ただ氏がさらに表文そのものを創作としている点は従えない。「飛鳥仏教史の課題」の章で述べたように、明らかな後世の文章があるからといって、記述されている事件や史料自体の存在否定には直結しない。まず先にも述べたが、東アジア世界の仏教伝播環境からして、倭国仏教始動の契機が「公伝」だったことは認めてよいと考える。だとすれば「公伝」に際し、百済王が何の文書も付さないのは不自然である。聖王の「表」の存在は認めねばなるまい。その上で問題となるのが文面の復原である。

藤井氏のように『日本書紀』の記述を全否定するなら、復原は不可能ということになろ

う。だが以下試みるように、氏の発見を活かしつつ、上表文を復原することは可能なのである。ではその作業を始めよう。

上表文と原史料

まず用いられている経文に注目してみる。「公伝」時にすでに流布していたのは、五世紀前半訳出の曇無讖《どんむせん》訳『金光明経』である。この訳で義浄訳の所依経文に対応する箇所を見ると、如来寿量品の経文に相当するものは曇無讖訳にはない。だが四天王護国品の所依経文に関しては、曇無讖訳にも次のような相当部分がある。

たとえば珍宝異物の篋器《きようき》、ことごとく手にありて、意の用うる所に従うが如く、この金光明もまたかくの如し。意に随い、よく諸王に法宝を与う。（中略）その時四天王、この偈《げ》を聞きおわりて、仏に白《もう》して言わく、「我、昔よりこのかた、いまだかつて、かくの如き甚深微妙の法を聞くことを得ず。」　（巻二、四天王品）

そして同巻には、次のような部分もある。

この金光明は、諸経の王なり。甚深《じんじん》最勝にして、上あること無し。十力世尊の宣説する所なり。（中略）この深妙《じんみよう》の典は、よく衆生《しゆじよう》に無量の快楽《けらく》を与え、諸の衆生の為に、安楽利益をなす。（中略）この諸経の王、よく一切無量衆生に安穏《あんのん》快楽を与う。　（同）

字句は異なるが、内容的には義浄訳如来寿量品の経文とそう変わらない讃歎《さんだん》文である。

だとすると、この記事には原史料があって、そこに曇無讖訳『金光明経』四天王品を引用した上表文と欽明大王の回答が記されていた可能性がある。すなわち現在の姿は、原史料の曇無讖訳『金光明経』の経文を、編纂時に義浄訳『金光明最勝王経』に変更したものと見なせるのである。

「飛鳥仏教史の課題」の章で触れたが、他の史書編纂の事例からするに、編纂時に一記事を丸ごと作文することはきわめて稀である。本記事も編纂時の作文と見るよりは、一段階前にこうした原史料の存在を想定した方が無理がないと考える。

「公伝」記事と原史料

この原史料を用いた記述の範囲を確認しておこう。同じ経典をよりどころとした聖王の上表と欽明大王の回答は、当然同じ原史料にあったはずである。また大王の回答から群臣への問掛け、賛否両意見の開陳、蘇我稲目《いなめ》への下賜と続く流れに断絶は見当たらない。したがって『日本書紀』の「公伝」記事は、冒頭からここまで同じ原史料を使っていると見るべきであろう。

次に問題となるのは、原史料の上表文が実物の文面と同じかどうかである。結論から言うと、実際の上表文をかなり忠実に引用していると考える。根拠の第一は、上表文が『金光明経』の讃歎文を踏まえて構成されていることである。当時の百済王が仏教受容を勧誘するのに、こうした構成になることは理解しやすい。前章で見たように、百済は高句麗《こうくり》・新羅《しらぎ》の圧力を意識しつつ、国家仏教興隆に努めている最中である。また戒律を初めとして、教義・経典の知識もかなり蓄積している。自らの国家仏教陣営への勧誘が、典型的護国経として知られる『金光明経』の権威を絡めてなされるのは、きわめて自然なのである。

さらにもう一点、末尾の釈迦の遺命を果たしたいという壮大な宣言も、当時の聖王にふさわしい。先に触れたようにこの時期は、百済が朝鮮半島随一の仏教国の内実を整えて、自負も育ってきた時期である。聖王に自らを転輪聖王《てんりんじょうおう》に擬《なぞら》えたい意識があったとしても不思議ではない。加えてそこに流布していたのが、釈迦の遺命とされる「仏法東流」の話だった。これは『大般若経《だいはんにゃ》』などに見える話だが、自身が転輪聖王であるとの確信を得たい聖王には、これこそ自分が果たすべき役目と映ったのである。末尾の一文は単なる装飾文言ではなく、聖王の本心だったと考えられる。

以上を考慮するに『日本書紀』の聖王上表文は、編纂時に所依経文が更新されているだけで、創作ではない。経文を元の曇無讖訳に戻せば、文面はほぼ復原されるのである。その文面に比べると『元興寺縁起』に見える上表文は、仏法は、既にこれ世間無上の法なり。それ国、また修行すべし。

　万法の中に、仏法最上なり。


といったずいぶん簡略なものである。だがこれは、必要最小限の部分だけを記したと考えればよい。『日本書紀』の聖王上表文は使えるのである。

欽明大王の回答と原史料

　一方欽明大王の回答が、上表と同様の経文を用いているのは、上表文のトーンに染まった結果と考えられる。「仏教公伝」の原史料は、上表文のトーンを受けて同じ経典の讃歎文を用いたと考えられるのである。

だとすると欽明大王の回答は、原史料作者の創作ということになる。確かに大王の回答から始まる倭国側の記事は、あまりにも整然としている。「公伝」から仏教公認までの仏教関係記事は、蘇我氏を仏教受容・興隆の立役者として称えた顕彰譚が下敷きになっていると言われるが、妥当な見解である。聖王の上表から蘇我稲目への下賜に至る「公伝」記事の原史料も、その蘇我氏顕彰譚と考えられる。倭国側の動向記述が整然としているのも、蘇我氏の顕彰という主題に沿って記述がなされたためであろう。ただしだからといって、記された内容すべてが捏造《ねつぞう》であるとは限らない。

　史料として使えることが判明した聖王上表文を手がかりにして、さらに倭国側の実態に迫ってみよう。

「国神」と「蕃神」

聖王の推奨

まず聖王《せいおう》の上表文の趣旨である。冒頭から七割は仏教受容の勧誘だが、勧誘の理由は三点ある。まずきわめて高度で高級な教えであること。次に何でも願い通りの利益《りやく》をもたらす功徳《くどく》大なる教えであること。三つ目にすでにインドから朝鮮半島諸国まで広汎に流布している実績である。そして最後のひと押しとして、倭国《わこく》が受容するならば、「仏法を東流させせよ」という釈迦《しやか》の遺命に沿うことになり、聖王の仏教者としての使命を果たすことにもなって、双方のメリットとなるというわけである。

理由の第一点については、初めて接して内容も分からないのだから、高級か低級かの判断ができるはずもない。もともと教理を持つ宗教を推薦する際の常套句《じようとうく》であるから、特別問題にする必要もあるまい。とすると実質的な勧誘理由は、第二点の大きな功徳・利益というメリットと、第三点の国際的宗教秩序への参加というメリットの二つということになる。いずれも誠に現実的な理由である。

餌《えさ》で釣るようなこうした内容からすると、聖王の意図はもっぱら現実的・政治的利益の共有にあったように見える。また事実、高句麗《こうくり》・新羅《しらぎ》に対抗するために倭国との関係を強化するという目論見《もくろみ》があったのも間違いない。だが先に分析した上表末尾の宣言を顧みるに、聖王に釈迦の遺命の遂行という宗教的使命観があったことも否定できない。つまりどちらも本音なのである。すなわち上表文は、宗教的使命の遂行とそれに矛盾しない実利益という本当の理由を、ほぼそのまま開陳していたのである。

倭国朝廷の反応

対する欽明《きんめい》大王の対応だが、「この日に天皇、聞こしめしおわりて」から「然《しか》れども朕、自らさだむまじ」までの記述は、ほとんどが先に挙げた曇無識《どんむせん》訳『金光明経《こんこうみょうきょう》』に一致する。そうした記述は、経文を踏まえた蘇我《そが》氏顕彰譚作者の作文と見るべきであろう。となれば、史実を反映しているのは最後の「然れども朕《ちん》、自らさだむまじ」くらいとなろう。続く群臣への問い掛けの内容も、史実とはみなしがたい。仏像の容貌を称賛した文言は、中国の仏教伝来説話を踏まえたものであろう。結

局ここでも史実らしいのは、最後の「礼うべきや不や」だけということになる。ちなみに対応する『元興寺縁起』の記述は、

時に天皇受けて、諸臣等に告ぐ。「この他国よりわたせる物、用うべきや用いざるべきや。よく計《はか》りて白《もう》し告ぐべし。」

というものである。ずいぶん事務的な口調だが、こうしたところが実態だったのではなかろうか。欽明大王は虚心に群臣の判断を求めたのである。

群臣の返答は、以下の通りだったという。

蘇我大臣稲目宿禰《おおおみいなめのすくね》、奏して曰《もう》さく、「西蕃《にしのとなりのくに》の諸国、もはらに皆礼《いやま》う。豊秋日本《とよあきづやまと》、あにひとり背《そむ》かんや。」

物部大連《もののべおおむらじ》尾輿《おこし》・中臣連《なかとみのむらじ》鎌子《かまこ》、同じく奏して曰さく、「我が国家《みかど》の、天下に王《きみ》とましますは、つねに天地社稷《あまつやしろくにつやしろ》の百八十神を以て、春夏秋冬祭拝《まつ》りたまわんことを事《わざ》とす。まさに今改めて、蕃神《あだしくにのかみ》を拝みたまわば、恐るらくは、国神《くにつかみ》の怒《いかり》を致したまわん。」

天皇曰《のたま》わく、「ねがう人稲目宿禰にさずけて、こころみに礼い拝《おが》ましむべし。」

大臣、ひざまずきて受けたまわりて忻悦《よろこ》ぶ。小墾田《おはりだ》の家に安置《ま》せまつる。ねんごろに

世を出ずる業《わざ》を修めて因《よすが》とす。向原《むくはら》の家を浄めはらいて寺とす。

（『日本書紀』巻一九、欽明天皇一三年一〇月条）

この記事については、古くからの通説的理解がある。崇仏《すうぶつ》派蘇我氏対廃仏《はいぶつ》派物部氏の対立が、ここから始まったという理解である。だがそれはもはや通用しない。発掘調査で、物部氏も氏寺《うじでら》（大阪府八尾市渋川《しぶかわ》廃寺）を造営していたことが判明しているからである。仏教を信仰・保護する蘇我氏と、在来神を重視して仏教不信心の物部氏らとが、それぞれの信仰を背負って対峙したとする伝統的理解は成立しないのである。

また両氏の返答を見ると、きわめて明晰で整理された印象を受ける。ここに蘇我氏顕彰譚作者の作業を読み取るのは当然であろう。だがだからといってすべてが作者の創作ということにはならない。主張の内容は記憶ないし記録されていて、作者はそれを使って顕彰譚に仕上げたとも考えられるからである。以下この点に注意しつつ、今一度記述を読み直してみよう。

「国家」の祭祀

最大の問題は、物部氏が実際には氏寺を造営していながら、記事では仏教祭祀導入に反対している点である。記事の根幹をなす物部氏の反対は、作者の創作と見るしかないのだろうか。

そこで尾輿・鎌子の返答を検証してみると、彼らが問題にしているのは、「国家《みかど》」レベルの「王」としての「拝みたまわむ」である。私的祭祀は問題にしていない。物部氏・中臣氏は、倭国祭祀として大王が行う祭祀に関しての廃仏派なのである。だから蘇我稲目の私的行為として仏教祭祀を許すという結果にも、異論が出なかったのである。私的に仏教祭祀を行いつつ、倭国祭祀としての導入には反対するというスタンスは決して矛盾ではない。『日本書紀』の記事は発掘結果と整合するのである。

もちろんその前提として、すでに大王祭祀が国家レベルのそれを含むものとして一般氏族祭祀と区別されていなくてはならない。ただ少なくとも大王を首長と戴いた外交関係が続いているのである。大王を倭国全体と重ね合わせる認識がないとは言えまい。その意味で国際関係を配慮した蘇我稲目の賛成意見も、国家レベルの大王祭祀を前提としたものである。反対論とは逆方向の論だが、外国を意識することは自らの国家意識の反映だからである。つまり賛成論も反対論も、問題にしているのは国家祭祀への仏教の導入可否なのである。

そもそも冒頭で見たように、私的仏教祭祀なら渡来人がすでに持ち込んでいる。今さら問題にしても無意味である。外交ルートで公的にもたらされた仏教祭祀を倭国（またその総祭祀長たる大王）として受容するか否かという問題だったから、欽明大王もあえて群臣に問うたのである。またそうした国家的問題だったから、蘇我氏側も物部・中臣氏側も強く「国家《みかど》」を意識した返答となったのである。

この記事をはじめ仏教導入を巡る対立という筋立てになっている両者の抗争の本質は、すでに指摘があるように、次期大王選出を巡る権力闘争であろう。そうした面に言及がないのは蘇我氏顕彰譚作者の作為という可能性もある。だが国家祭祀という限定付きではあるが、仏教を受入れるか否かという祭祀問題での対立は両者の間にあっておかしくない。そしてこれはあくまで祭祀問題である。畑違いの私的権力闘争にあえて言及する必要は感じなかったであろう。両氏の対立記事は安易に創作とは断じられないのである。

欽明朝廷の結論

以上記事の信憑性を確保した上で、改めて賛否双方の論を見てみると、物部・中臣氏の反対論は合理的である。倭国の「国神」は決して鷹揚《おうよう》でも寛容でもない。新たな「蕃神」を礼拝した際の「荒ぶり」を危惧するのは当然である。だからこそ欽明大王も、倭国祭祀としての受容は見送らざるを得なかった。すでに仏教と接触していたであろう蘇我氏に下賜するという、保留のような措置で決着するしかなかったのである。

聖王の勧誘への対応がこうした結果に終わった背後には、もう一つ伏線があったと思われる。まず仏教祭祀が渡来人によって持ち込まれてから「公伝」まで、せいぜい半世紀である。そして冒頭で見たように、当初「世を挙げて」騒がれたその祭祀も、結局「流布するに非ざるなり」という結末に終わる。一部の倭人氏族には浸透し始めていたではあろうが、決してまだ一般的ではなかったはずである。仏教祭祀を導入した場合の問題点についても、一部氏族を除きほとんど意識に上っていなかったであろう。

むしろ物部氏などは、氏寺を建てていることから推測されるように、比較的早くに導入を検討していた氏族だった。だから「国家《みかど》」祭祀への導入に「国神」の怒りを予測する、という適切な危惧を提示し得たのである。早期に仏教に接していたであろう蘇我氏は別格として、現実には、物部氏よりもずっと仏教不案内の氏族が大半だったと思われる。こうした状況下でいきなり上部の「国家《みかど》」祭祀から仏教を導入したら、「国神」が怒る前に各々の氏族祭祀は大混乱になる。

物部氏らの反対論が道理にかなっていたという理由に加えて、こうした現実の祭祀秩序の維持という点からも、倭国祭祀への導入は保留するしかなかった。百済から送られた「国家《みかど》」祭祀用の仏像礼拝セットは、蘇我氏という一氏族に預けて様子を見るしかなかったのである。そしてそれは「国神」の反応を窺うというよりは、周囲の豪族たちの祭祀にどう影響していくかを見極める意味を持っていたのである。

「国神」祟る

『日本書紀』『元興寺縁起《がんごうじえんぎ》』によれば、「国神」の反応はすぐ現れた。

後に、国に疫気《えやみ》おこりて、民、夭残《ようざん》をいたす。久にしていよいよ多し。治め療《いや》すこと能わず。（『日本書紀』巻一九、欽明天皇一三年一〇月条）

その時一年隔てて、数々の神心、発しき。（中略）国内数々乱れ、病死の人多し。（『元興寺縁起』）

「国神」が怒って疫病をもたらした、というわけである。物部氏・中臣氏は俄然勢い付いて、奏上する。

昔日、臣がはかりごとをもちいたまわずして、この病死を致す。今遠からずして復《かえ》らば、必ずまさによろこびあるべし。早く投げ棄てて、ねんごろに後の福を求めたまえ。（『日本書紀』同）

欽明大王もこれにはうなずくしかない。結末は次の通りであった。

有司、すなわち仏像を以て、難波《なにわ》の堀江に流し棄つ。また火を伽藍《てら》につく。焼きつきてまた余《あまり》なし。（『日本書紀』同）

図7 難波池
仏像を流し捨てた難波の堀江跡と伝える.

誠にもっともらしい記事なのだが、この話は不自然である。まず処分された仏像や寺は蘇我氏の私的祭祀の装備であるが、「公伝」時に問題となったのは倭国レベルでの仏教祭祀だったはずである。「公伝」後の疫病の原因を、「公伝」以前からあった私的仏教祭祀に求めるのは筋が通らない。さらに同様の廃仏記事が、『日本書紀』では敏達大王一四年（五八五）に、『元興寺縁起』では加えて庚寅年（五七〇）にも置かれている。ところが記事内容はほとんど同工で、個別の事件を反映しているとは考え難い。それに何より廃仏の先頭に立ったことになっている物部氏は、この時期氏寺を造営しているのである。

結局こうした記事は、『日本書紀』や『元

興寺縁起』が原史料の蘇我氏顕彰譚の記事を鵜呑みにしたものと考える。顕彰譚作者は蘇我氏の受難を強調して功績を際立たせるために、現実にはささいなトラブルであったこれらの事件を誇張して適当な年次に配していた。それを『日本書紀』などは、素直に取り込んでしまったのである。

「仏神」祟る

　そうした作為をともなった記事であるにしても、注目しておかねばならないのは、必ず廃仏に対する仏の側の祟《たた》りが記されていることである。

ここに、天に風雲無くして、たちまちに大殿に災あり。
（『日本書紀』巻一九、欽明天皇一三年一〇月条）

神心増益して、国内に病死人多くあり。大旱して雨ふらず。また天より大雨ふる。後にはついに大宮を、神火《じんか》出でて焼く。
（『元興寺縁起』）

この日に、雲無くして、風ふき雨ふる。大連（物部守屋《もりや》）、雨《あま》よそいせり。（中略）この時にあたりて、天皇と大連と、にわかに瘡患《かさや》みたもう。（中略）瘡発《い》でて死《みまか》る者、国に充盈《み》てり。その瘡をやむ者、「身焼かれ、打たれ、摧《くだ》かるるがごとし」と言いて、啼泣《いさ》ちつつ死る。老もわかきもひそかに相語りて曰わく、「これ仏像を焼きまつる罪か。」
（『日本書紀』巻二〇、敏達天皇一四年三月一日条）

入ってきたばかりの仏は、寛容な救済者ではなかった。攻撃を受ければ怒って即座に祟りをなす、「国神」同様の存在だった。そしてこれらの記事を見るに、その祟りは決してなまやさしいものではない。『元興寺縁起』に「仏神は、恐ろしき物にありけり」との発言もあるように、この「仏神」は、粗略に扱うには危険な存在と認識され始めていたのである。倭人社会における仏の最初の認知は、「恐ろしき」「仏神」というそれだったのである。

百済から提供された仏や仏像に、こうした個性が付随していたとは思われない。何よりも倭人の理解が「大唐の神」「蕃神」「仏神」という「国神」とのアナロジーによる理解だったからこうなったのである。「国神」と同じであるからには、きわめて人間的な存在ということになる。そこで優しい大人しい神か、猛々しい恐ろしい神かといった「国神」の類型のなかでの分類がなされて、出された結論が「恐ろしき」「仏神」だったのである。

「仏神」の力

ただこの「恐ろしき」という認識は、同時にその呪力の強大さの認識も含んでいる。もし願いを聞いてくれるならば、この神は逆にまたとない頼もしい存在となる。そして先の聖王の上表文を顧みれば分かるように、倭国にもたらされた仏・菩薩は、もともといかなる祈願にも応えてくれる頼もしい存在だったのである。認知される階梯として「恐ろしき」「仏神」という回り道をへねばならなかったが、豪族たちはしだいに、仏教のこの特性にも気付き始めるのである。

そしていったん認知してしまうと、対応メニューの具体性・多様性や守備範囲の広さが見えてくる。もともと在来神は、かぎられた地域の自然秩序を維持する存在である。自身を祭る氏族の居住地域を超えて、他の神を祭る地域にまで威力を及ぼすことはできない。また他地域の氏族の者が祈願してもこたえてはくれない。そして維持するのは自地域の総体的農耕社会秩序であるから、祈願項目は「五穀豊穣《ごこくほうじょう》」や「四時順行《しじじゅんこう》」といった地域全体の漠然とした安穏《あんのん》にかぎられる。個人や一家族の福徳祈願には対応しないのである。

対するに仏教は、どこの土地にいても誰が祈っても御利益《ごりやく》が期待できる。またその利益は、現世《げんぜ》利益だけでも世界全体の平安や国家の安全から一個人の福徳まで、さらには来世《らいせ》の安穏も祈願項目に入っている。およそ考えられるかぎりの利益すべてをかなえてくれるのである。加えて仏の呪力は、流布してきた各国で実証済みである。倭国内で大きな威力を発揮することも「恐ろしき」祟りで証明された。仏教の優位は、しだいに広く認識されるようになっていたのである。

たとえ「国神」の怒りというリスクはあっても、仏の呪力がそれに勝っているならば、どちらを選ぶかは言うまでもない。大王家を除く一般氏族にとっては、何を主祭祀とすべきかの結論は明らかであった。かくして仏教は教えの魅力ではなく呪力の強大さをもって、「公伝」後半世紀をへたころから、急速に氏族社会に浸透していったのである。

「仏神」信仰の諸相

朝鮮三国と倭国仏教

倭国《わこく》氏族社会で仏教が認知され始めたことは、朝鮮半島諸国にも伝わったようである。百済《くだら》は「公伝」の二年後、援軍を要請した際に、

僧曇慧《どんえ》等九人を、僧道深《どうじん》等七人に代う。

（『日本書紀《にほんしょき》』巻一九、欽明《きんめい》天皇一五年二月条）

と見えているから、「公伝」以後継続的に僧侶を常駐させていたらしい。これに加えて敏達《びだつ》大王六年（五七七）、使者大別王《おおわけおう》の帰国に際し百済王は、経論若干巻に加えて律師《りつし》・禅師《ぜんじ》・比丘尼《びくに》・呪禁師《じゆごんし》・造仏工・造寺工といった仏教本格始動のための要員を送っている。

大王祭祀・国家祭祀としての導入はまだ保留状態だったから、彼らは大別王の「寺」に入ったが、百済王の意図は歴然としている。国家祭祀としての仏教公認も近いと予測しての梃入《てこい》れである。

そして同八年（五七九）には、今度は新羅《しらぎ》が、わざわざ朝貢して仏像を送ってきている。倭国仏教を百済の思い通りにはさせられない、ということなのであろう。残る高句麗《こうくり》についてはは国家的働きかけの記録は残っていない。だが次に見る倭国初の出家で戒師《かいし》を務めたのは、早期に渡来していた高句麗出身の還俗者《げんぞくしゃ》である。ここからするに高句麗からも、それなりの仏教流入はあったと考えられる。同じ朝鮮仏教といっても百済仏教、新羅仏教、そして高句麗仏教とではそれぞれ内容も性格も異なる。「公伝」では百済が先んじたものの、今後どの国が主導役になって倭国仏教がどの国の系統に連なるかは、三国にとって重大な関心事だったのである。

百済・高句麗の影響

その背景にあったのは、激化する朝鮮半島三国の戦争である。「公伝」から一六年後には、新羅との戦闘で聖王《せいおう》は戦死している。危機感を強める百済としては、何としても倭国との同盟関係を強化して十分な援助を受ける必要があった。そのためには倭国仏教を百済仏教で染めて、確固たる関係を築くことが必要だったのである。対するに新羅としては、そうした事態は避けたい。だが倭国と外交断絶状態にある新羅では、政治的働きかけはしにくい。そこで刺激の少ない方策として採られたのが、仏像献上だったのである。

新羅の仏像献上は推古《すいこ》朝になると、推古大王二四年（六一六）・三一年（六二三）と頻度が増す。さらに七世紀後半以降になると、新羅仏教は日本仏教教学に強い影響を及ぼすまでになる。ただ六世紀後半のこの時点では、まだ大きな影響力は持ち得なかった。先行した百済仏教は、常駐の僧侶をはじめスタッフも充実している。加えて連携した蘇我《そが》氏も擁護したであろう。その優位は当面不動であった。

一方地理的には百済・新羅より離れていながら、強い影響を及ぼしたのが高句麗仏教である。高句麗は仏像や経典などの直接献上こそないが、崇峻《すしゅん》朝から推古朝の飛鳥《あすか》仏教の最盛期に、慧慈《えじ》・僧隆《そうりゅう》・雲聡《うんそう》・曇徴《どんちょう》・法定《ほうじょう》・慧灌《えかん》といった仏教教学・文化に重要な貢献をする人材を送っている。また倭国最初の大寺飛鳥寺（法興寺《ほうこうじ》）の建設には設計・建築スタッフが派遣されたと見られるし、その本尊造立に際しては黄金三〇〇両を送っている。この時期にかぎれば、百済を凌《しの》ぐほどの肩入れである。やはりそこには朝鮮半島情勢を睨んだ、国家としての仏教輸出を読み取るべきであろう。本書で主に扱う七世紀前半までの倭国仏教は、こうした国際情勢を背景にした百済仏教と高句麗仏教の影響下で形成されるのである。

善信尼らの出家

かくして仏教公認に向けての実績作りのため、内外でさまざまな努力が進められていた敏達大王一三年（五八四）、『日本書紀』が「仏法の初め」と記した新たな展開が見えている。

きっかけは鹿深臣《かふかのおみ》と佐伯連《さえきのむらじ》の二人が、百済からそれぞれ弥勒《みろく》石像一体と他の仏像一体をもたらしたことである。この新来仏像のことを聞いた蘇我馬子《うまこ》は、仏前出家を思い立つ。『日本書紀』には次のように記している。

この歳、蘇我馬子宿禰、その仏像二軀を請《ま》せて、すなわち鞍部《くらつくりの》村主《すぐり》司馬《しば》達等《たつと》・池辺《いけべの》直《あたい》氷田《ひた》を遣して、四方に使して、修行者を訪《と》いもとめしむ。ここにただ播磨《はりま》国にして、僧の還俗の者を得《う》。名は高麗《こま》の恵便《えべん》という。大臣、すなわち以て師にす。司馬達等のむすめ嶋《しま》を度せしむ。善信尼《ぜんしんのあま》と曰う。また善信尼の弟子二人を度せしむ。そのひとりは、漢人《あやひと》夜菩《やぼ》がむすめ豊女《とよめ》。名を禅蔵尼《ぜんぞうのあま》と曰う。そのふたりは、錦織壺《にしごりつぼ》がむすめ石女《いしめ》。名を恵善尼《えぜんのあま》と曰う。馬子ひとり仏法によりて、三の尼を崇《かた》ち敬《いや》ぶ。すなわち三の尼を以て、氷田直と達等とにさずけて、衣食を供《まつ》らしむ。仏殿を宅の東方に経営《つく》りて、弥勒の石像を安置す。三の尼を屈請《いま》せ、大会《だいえ》の設斎《おがみ》す。（『日本書紀』巻二〇、敏達天皇一三年是歳条）

続いて、「大会」で得た仏舎利《ぶつしゃり》についての奇瑞《きずい》が記され、

これによりて、馬子宿禰・池辺氷田・司馬達等、仏法を深信《たもちう》けて、修行することおこたらず。馬子宿禰、また石川の宅にして、仏殿を修治《つく》る。（『日本書紀』同）

と一連の馬子の事蹟が列挙された後に、「仏法の初め、これよりおこれり」との総括が入る。そして最後に、

蘇我大臣馬子宿禰、塔を大野丘の北に起《た》てて、大会の設斎す。すなわち達等がさきに獲《え》たる舎利を以て、塔の柱頭におさむ。（『日本書紀』巻二〇、敏達天皇一四年二月一五日条）

という翌年の結末が記されて、記事は終わっている。

「仏法の初め」

記事のなかでも特別目立つのは、「仏法の初め」という大上段の総括であるが、これは蘇我氏顕彰の文言であろう。少なくとも『日本書紀』編纂段階で入った文言とは考え難い。なぜなら仏教関係記事の主編者だったとされる道慈の意図は、天皇を頂点とした宗教秩序を過去に遡って正当化することである。後に大王家

に背信したとして誅される氏族の行為に、わざわざ「仏法の初め」という栄誉を冠するのは、その意図と整合しない。やはりこの文言は、原史料のそれが残ったと見るのが自然なのである。

文言の置かれている位置も、この推測を裏書きしている。この文言は敏達天皇一三年是歳条の最後にあって、すぐ後は翌一四年の記事である。ただその内容は、蘇我馬子による大野丘の塔建立からすぐに馬子の病気と仏への治病祈願と連なっており、連続して馬子の仏教事蹟を追うかたちとなっている。これらは蘇我氏顕彰譚のなかの一連の記述であろう。だとすればその真中にある「仏法の初め、これよりおこれり」も、顕彰譚のなかに初めからあったと考えるべきである。

以上をもって蘇我氏顕彰譚の文脈で読むべきことは確認された。そこで次に問題となるのは、この誇らかな宣言は何を踏まえてなされたのかである。すなわち「これよりおこれり」の「これ」は、何を指しているのかということである。

仏像・出家・仏舎利・仏殿・信者

直前の「石川の宅」「仏殿」は特記事項もなく、これのみを指しているとは見なし難い。「この歳」から始まる段落に記されている事象全体を指すと見るのが妥当であろう。そしてそこに仏教構成要素として列挙されているのは、仏像、倭人出家者、仏舎利、仏殿、そして「仏法」を「深信」して「修行」を「おこたら」ない篤信《とくしん》の倭人信者である。これら五つの要素を勘案するに、記事の言わんとしているのは次のようなことであろう。

「仏教公伝」以来仏像はあった。だが家を清めただけの「寺」はあっても、正式な祭祀ができる仏殿はなかった。また蘇我稲目《いなめ》は私的に仏教祭祀を行ったが、まだ篤信の信者ではなかった。そして倭人出家者や仏舎利に至っては、これまでまったく存在しなかった。それらがここに至って揃った。おそらくこのことを指して顕彰譚作者は、「仏法の初め、これよりおこれり」と記したのである。つまり作者にとっては、この五点が「仏法」の主要件だったわけである。そして説明もなくこの文言が置かれていることからするに、これらを主要件とするのは、顕彰譚成立期の共通認識だったと考える。

顕彰譚の成立期は究明されていない。だが仏教公認に至るまでの蘇我氏の貢献を顕彰するものであるから、まずは六世紀末以降となろう。また大化改新以後の成立とは考え難いから、七世紀初期までの間ということになる。「公伝」から半世紀をへた時期であり、前節で見たように仏が「恐ろしき」「仏神」と理解されていた時期である。「恐ろしき」「仏神」を祭る「仏法」は、これら五点を主たる構成要件とするものだったのである。そこで以下、この五点が柱とされた背景を探ってみよう。

僧侶と尼

まず仏像は「公伝」以来の祈願対象として当然であろう。仏殿も仏を祭っておく不可欠の建物として教示は受けていたであろうから、特に違和感はない。また仏舎利を巡る奇瑞とそれによる信者の「深信」への導きだが、これも中国ではおなじみの説話類型である。これらは黎明期の中国仏教と類似の事象であり、出家を除く四点については、倭国仏教は中国仏教と同じ道を歩んでいたわけである。

だが出家に関しては、善信尼らのそれはかなり異様である。中国や朝鮮半島諸国の史料がないので比較はできないが、少なくとも仏教通念からははずれた様態である。普通は、出家させるならば尼ではなく僧侶を優先するからである。個々の僧尼に関して尼より僧侶が優先されるということではない。初期中国仏教でも尼のウェイトは決して小さくはない。ただ僧侶のみで仏教教団を維持・運営するのは可能だが、尼のみではできない。戒律によって尼集団は僧侶集団の監督を受けることになっているからである。正式の尼（比丘尼《びくに》）となるための受戒も、尼集団内では完結・成立しない。『元興寺縁起』によれば、尼の受戒について「時の蕃客」は次のように助言したという。

尼等の受戒の法は、尼寺のうちにまず十尼師を請い、本戒を受けおわる。すなわち法師寺に詣でて法師を請い、先の尼師十と合わせ、二十師にて本戒を受ける所なり。然るにこの国は、ただ尼寺のみ有って法師寺および僧なし。尼等もし法のごとくたらんとせば、法師寺を設け、百済国の僧尼等を請いて受戒せしむべし。

ここにあるように、僧侶集団の関与なくして正式の僧尼は認証されない。仏教教団は、尼だけでは運営・存続できないシステムになっているのである。

こうした仏教常識に照らしてみれば、最初の出家者に尼を選ぶのは不可解である。馬子はなぜ尼を最初に出家させたのだろうか。

尼と巫女

これを解くヒントを与えてくれるのが、やはり仏教常識からすれば異様な出家の「師」の人選である。この「師」は正式な出家で「戒和上《かいわじょう》」に相当するものと考えられる。だとすると出家・受戒をへて修行を積んだ、指導的位置にある長老僧が務めるのが通例である。それが善信尼たちの場合には、そもそも僧侶ではない人物を立てている。僧侶がいないのならともかく、当時は百済から派遣された僧侶がいた。彼らに頼むことなくわざわざ「修行者を訪《と》いもとめ」て、恵便に至ったというのである。

つまり馬子のイメージする「師」に必要だったのは、仏教上の如法性《にょほう》ではなく「修行者」としての実績だったのである。そして恵便はすでに還俗しているのだから、「修行」

とは出世間のそれではない。また倭国の神々とは無縁の渡来人で元僧侶なのだから、在来祭祀に関係するものとも見なせない。結局何らか仏と関係した世俗的「修行」と考えるしかないわけである。

ここで想起すべきなのが、倭人社会における「恐ろしき」「仏神」という仏の理解である。在来の「恐ろしき」「荒ぶる」神に対する倭人社会の対応策は、供物を捧げて祝詞《のりと》を上げてなだめ静めるというものだった。そしてこの祭祀は誰でもできるものではなく、シャーマンや巫女《みこ》ないしは氏族長のような呪力を持つ者の役目だった。だとすると「仏神」に近侍して働きかける僧侶が、在来神の祭祀者と同様の存在と認識されていくのは自然の成行きである。すなわち「修行者」とは、「仏神」に働きかけて力を引き出す「修行」（山や窟に籠もる行の類いか？）を積んだ者との意味だったのである。

ここにおいて、最初の出家者が尼だったことの意味も判明する。もともと在来神に仕えるのは巫女の役目である。「仏神」においても日常的に仕える者は、巫女のような女性が適当と考えられたのである。馬子にとって仏教という宗教は、在来神祭祀と同質の「仏神」祭祀以上のものではなかったのである。

このことは上記記事に続く馬子の病気の記事でも確認される。

蘇我大臣、患疾《やまい》す。卜者《うらべ》に問う。卜者こたえて言わく、「父の時に祭りし仏神の心に祟れり。」大臣、すなわち子弟を遣して、その占状《うらかた》を奏す。詔して曰わく、「卜者の言に依りて、父の神を祭《いわ》い祠《まつ》れ。」大臣、詔をうけたまわりて、石像を礼《いや》び拝みて、「寿命《いのち》を延べたまえ」と乞う。

（『日本書紀』巻二〇、敏達天皇一四年二月二四日条）

「寿命を延べたまえ」という具体的祈願に、前節で見た仏教の特性の一部は認知されていたことが窺える。だがそれ以外の「仏神」祭祀の様相は、在来神祭祀と少しも変わらない。馬子の理解は、当時の氏族社会の常識から出るものではなかったのである。出家という儀式を思い立つ以上、馬子は仏教についてそれなりの知識は持っていたはずである。その知識がどのような内容で、どこから得たものかは分からない。だが少なくともその理解は、中国・朝鮮仏教の水準には程遠いものだったのである。

また善信尼らの出身は、いずれも司馬《しば》・漢人《あやひと》・錦織《にしごり》という渡来人氏族である。ここから考えるに渡来人氏族の知識水準も、馬子とそう違いはなかったと見られる。すなわち当時の氏族社会において仏とは「恐ろしき」「仏神」であり、仏教とは在来神祭祀と同様にこの「仏神」を祭ること、というのが一般的認識だった。在来神との相違は、神としての個性の違い程度のものだったのである。厩戸皇子が育った時代の仏そして仏教に対する認識は、こうしたものだったのである。

仏教公認への道

百済僧の行業

ここで一つ疑問がでてくる。これまでも何度か触れたが、「公伝」以後は百済《くだら》僧が常駐している。十分な知識を持っていたはずの彼らは、何をしていたのだろうか。倭人たちへ教義を教えたり、仏教流布・定着のための制度を助言するといった活動はしなかったのだろうか。

そこで参考となるのが、前章で見た中国伝来当初の状況である。西域《さいいき》やインドからきた外国僧の主たる活動は、教義を説いたり制度制定の助言をすることではなかった。言葉も満足に通ぜず文化的基盤も思考構造も異なる相手に、そんな働きかけをしても無駄だからである。その代わりに彼らがやったのは、まずは仏の呪力を誇示して権力者の後援を獲得することであった。この時期の倭国における百済僧の立場も、同様だったと考えられる。ましてや倭国に入ったのは、中国社会で流布する間に現世利益《げんぜりやく》呪術の性格を色濃く帯びた仏教である。百済僧のアピール内容も、仏教の呪力や利益を強調した、結果的に「恐ろしき」「仏神」のイメージを強化するものだったと考えられるのである。

「公伝」以後多くの百済僧が来朝しているし、教義や制度の指導にも当たったであろう「仏法の棟梁《とうりよう》」慧聡《えそう》のような高僧も出る。だが少なくとも敏達《びだつ》大王の時代までは、経典を読誦し仏に祈ってその効験《こうけん》を誇示し、仏の呪力や利益を説いて大王や有力豪族の帰依《きえ》を取りつける。それが百済僧の主業務だったのである。

教義講説や制度のアドバイスは、受入れ側の土壌ができていて初めて現実的となる。倭国はまだその域に達していなかった。百済僧は倭国の実態に即した現世呪術「仏教」を説き、豪族たちはそれを在来神祭祀に引きつけた「仏教」を信奉していた。仏教通念から見れば異様な善信《ぜんしんのあま》尼らの出家次第は、こうした倭国「仏教」における「出家」のかたちだったのである。

仏教公認の土壌

馬子《うまこ》の病の記事に続けて、『日本書紀』は「この時に、国に疫疾《えやみ》おこりて、民死ぬる者おおし」と記している。「仏神」の祟りは全国に及んだのである。ところが記事はここから大きく方向を変えて、「疫疾」を在来神の祟《たた》りとした物部守屋《もののべのもりや》・中臣勝海《なかとみのかつみ》による大規模な廃仏へと展開する。しかもこの廃仏では、

馬子宿禰と、従いて行える法の侶《ひとども》を呵責《せ》めて、毀《やぶ》り辱《はずかし》むるの心を生《な》さしむ。（中略）有司、たちまちに尼等の三衣《さんね》を奪いて、禁錮《からめとら》えて、海石榴市《つばきいち》の亭《うまやたち》にしりかたうちき。

（『日本書紀』巻二〇、敏達天皇一四年三月一日条）

といった仏弟子への迫害まで記されている。結果、前節で見た疱瘡《ほうそう》流行という仏の報復を招いたとの筋書きになっているわけである。

　だがすでに「恐ろしき」「仏神」という理解が定着しつつある敏達朝末年に、苛烈な「仏罰」の報復が確実なこんな無謀な廃仏がなされるわけがない。『日本書紀』の廃仏記事全体もそうだが、ことに敏達朝のそれは、こうした点からも誇張もしくは創作としか考えられないのである。厩戸《うまやど》皇子登場前夜において、すでに仏は在来神以上に恐れ憚《はばか》られる「仏神」になっていた。物部氏も氏寺造営はまだだったかもしれないが、仏教祭祀は、すでにもしくはまもなく導入といった段階だったはずである。もはや仏の存在を否定するなど不可能になっていた。仏教公認は時間の問題であった。

用明大王の帰依

さらに状況を決定的にしたのは、敏達大王の後を継いだ用明《ようめい》大王の仏教帰依《きえ》である。大王の即位前紀には、御子の厩戸皇子が『日本書紀』で初めて登場しているが、それによれば用明大王は「仏法を信《う》けたまい、神道《かみのみち》を尊びたもう」と記されている。一見中立の立場に見える。だが自身は仏教に関与せず蘇我《そが》氏の私的祭祀を認めただけの欽明《きんめい》大王、「仏法を信けたまわず」と記された敏達大王をかえりみれば分かるように、初めて仏教を信じた大王なのである。仏教は確実に倭国氏族社会に浸透していた。

こうした大王であるから、即位二年目の五八七年に病を発すると、当然のように治病の験が期待できる仏教にすがった。大王として初めて「三宝《さんぼう》帰依」すなわち仏教信受の願いを表明して群臣に諮《はか》ったのである。大王が仏教を信受するということは、倭国が国家として仏教を受容することである。「公伝」時に欽明大王が諮問したのと実質的に同じ事柄が問われたのである。

「公伝」の際に物部・中臣氏が反対の論拠とした要件は、この時点でもまったく変わっていない。当然のごとく物部守屋と中臣勝海は、「公伝」時と同じ理由をもって反対した。

何ぞ国神《くにつかみ》を背《そむ》きて、他神《あだしかみ》を敬《いや》びむ。もとよりかくのごとき事を識《し》らず。

（『日本書紀』巻二一、用明天皇二年四月二日条）

対する蘇我馬子の賛成意見は、「公伝」時の稲目とは随分異なった理由に根差していた。

詔に随いて、助け奉るべし。だれか異なる計《はかりごと》をなさん。

（『日本書紀』同）

大王の意向がそのまま理由というわけである。大王自身が仏教信受を求めている以上、蘇我氏はもう仏教導入の論拠を外に求める必要はなかったのである。

蘇我氏対物部氏再び

「公伝」時と同じ仏教公的受容の是非という問題に、同じ物部・中臣氏対蘇我氏という布陣ではあるが、仏教に対する認識や取り巻く状況は大きく変わっていた。すでに仏は「恐ろしき」「仏神」として、氏族社会のなかで軽からぬ位置を占めていた。その強力な呪力や具体的利益は、大王もすがるほどの強い吸引力を発揮していたのである。帰趨は初めから明らかであった。

朝議の結論も出ないままに、異母弟穴穂部《あなほべ》皇子は、独断で「豊国法師《とよくにのほうし》」という百済僧とも豊前の呪術僧ともされる僧侶を内裏《だいり》に招聘する。用明の治病を祈らせたのであろう。また同じ目的で、司馬達等《しばたつと》の子鞍部多須奈《くらつくりのたすな》は、出家して仏像・仏寺を造立することを発《ほっ》願《がん》する。守屋と勝海は抵抗したものの、大王周辺はなし崩しに仏教公認へと動き始めるのである。

先に触れたように、物部氏自身は決して仏教を忌避していたわけではなかった。また周囲での仏教の急速な浸透・定着も目にしていたであろう。問題が仏教公認だけだったならば、妥協してもよかったはずであるし、実際妥協したであろう。だが物部氏と蘇我氏各々の権力の行末に直結する次期大王選任問題がからんでいたために、対立は俄然先鋭化する。仏への帰依と祈願もむなしく用明が没すると、双方は武力衝突に向かって一直線に走り出すのである。

留学発願

一触即発の緊迫した状況下で、「仏神」祭祀とは異なる仏教の萌芽を窺わせる事件が見えている。出家してまもない善信尼《ぜんしんのあま》たちが、百済への留学を願い出たのである。

善信阿尼等、大臣にかたりて曰わく、「出家の途《みち》は、戒《い》むことを以て本とす。願わくは、百済にまかりて、戒むことの法をならい受けん。」

（『日本書紀』巻二一、崇峻天皇即位前紀）

願いは来朝していた百済調使《ちょうし》に伝えられたが、調使の回答は、帰国して王の許可を得るまで待つように、というものだった。そして願いがかなうのは、物部氏が滅亡して政情不安が解消した翌年のことになる。

この記事が置かれているのは、蘇我氏と物部氏の武力衝突に向かって動きが加速していく記述の合間である。創作だとすると、発願だけがわざわざここに記される必然性が見えない。実際に留学した際の記事に付け加えればよいはずである。よってこの記事は時期も内容も史実と考えられる。

そこで注目すべきは、「出家の途は、戒むことを以て本とす」という正しい仏教理解が、倭人のなかに初めて生まれたことである。知識の出所は駐在の百済僧であろう。これまでは、彼らが正しい知識を伝授したくとも倭人側の用意ができていなかった。「仏神」祭祀という認識から脱却できず、誰もそうした知識を受容する思想状況になかったからである。そこに倭国初めての出家者で仏弟子として善信尼たちが出現したのである。

馬子など周囲の倭人から見れば、善信尼たちは「仏神」に使える巫女《みこ》だったであろう。だが百済僧たちはそうは扱わなかった。初めて誕生した倭国の仏弟子を正当な仏教の出家者として扱い、仏教の基本を教えたのである。その成果が「出家の途は、戒むことを以て本とす」という彼女たちの理解だった。そしてその理解から発願された善信尼らの留学は、倭国における如法《にょほう》仏教の始まりを予感させる出来事であった。だが「仏神」信仰全盛の倭国仏教のなかで、彼女たちの先駆的理解が広まる保証はない。その後彼女たちがたどった道は、厩戸皇子の登場とあわせて次章で見ることにしよう。

推古朝の仏教と厩戸皇子

如法仏教の模索

『日本書紀《にほんしょき》』に厩戸《うまやど》皇子が初めて登場するのは父用明《ようめい》大王の即位前紀である。そこには、次のように見えている。

厩戸皇子の登場

穴穂部間人《あなほべのはしひと》皇女を立てて皇后《きさき》とす。これ四の男を生《あ》れます。そのひとりを厩戸皇子ともうす。または名《な》づけて豊耳聡《とよみみと》聖徳《しょうとく》という。或いは豊聡耳《とよとみみ》法大王《のりのおおきみ》と名《な》づく。或いは法主王《のりのうしのおおきみ》ともうす。この御子、初め上宮《かみつみや》にましましき。後に斑鳩《いかるが》に移りたもう。豊御食炊屋姫《とよみけかしきやひめ》天皇の世にして、東宮にまします。万機を総摂《ふさねかわ》りて、天皇事《わざ》行《し》たもう。語《こと》は豊御食炊屋姫天皇の紀に見ゆ。

（『日本書紀』巻二一、用明天皇元年一月一日条）

皇子の一生を総括したような記述だが、仏教に関係しそうなのは、割注に見える「聖徳」

「法大王」「法主王」といった呼称、それも後世のものと思われる呼称だけである。ここから分かるのは没後偉大な仏教者として尊崇されたことだけで、在世時のそれについては何も教えてはくれない。

結局彼の仏教を具体的に語ってくれる記事は、用明大王二年（五八七）の蘇我《そが》氏と物部《もののべ》氏の武力衝突の場面からということになる。時に一四歳の若き皇子は、戦勝祈願の場面で登場している。

この時に厩戸皇子、束髪於額《ひさごはな》して、軍の後に随えり。自らはかりて曰わく、「はた敗らるること無からんや。願に非ずは成し難けん。」とのたまう。すなわち白膠木《ぬりで》をきり取りて、疾《と》く四天王《してんのう》の像に作りて、頂髪に置きて、誓を発《た》てて言わく、「今もし我をして、敵に勝たしめたまわば、必ず護世《ごせ》四王のみために、寺塔《てら》を起立《た》てむ。」とのたまう。

蘇我馬子《うまこ》大臣、また誓を発てて言わく、「おおよそ諸天王・大神王等、我を助け衛《まも》りて、利益《か》つこと獲しめたまわば、願わくは、まさに諸天と大神王のみために、寺塔を起立てて、三宝を流通《つた》えん。」という。（『日本書紀』巻二一、崇峻《すしゅん》天皇即位前紀七月条）

難波四天王寺《してんのうじ》の縁起でもあるこの記事に見える皇子や蘇我馬子の信仰は、どのように解釈

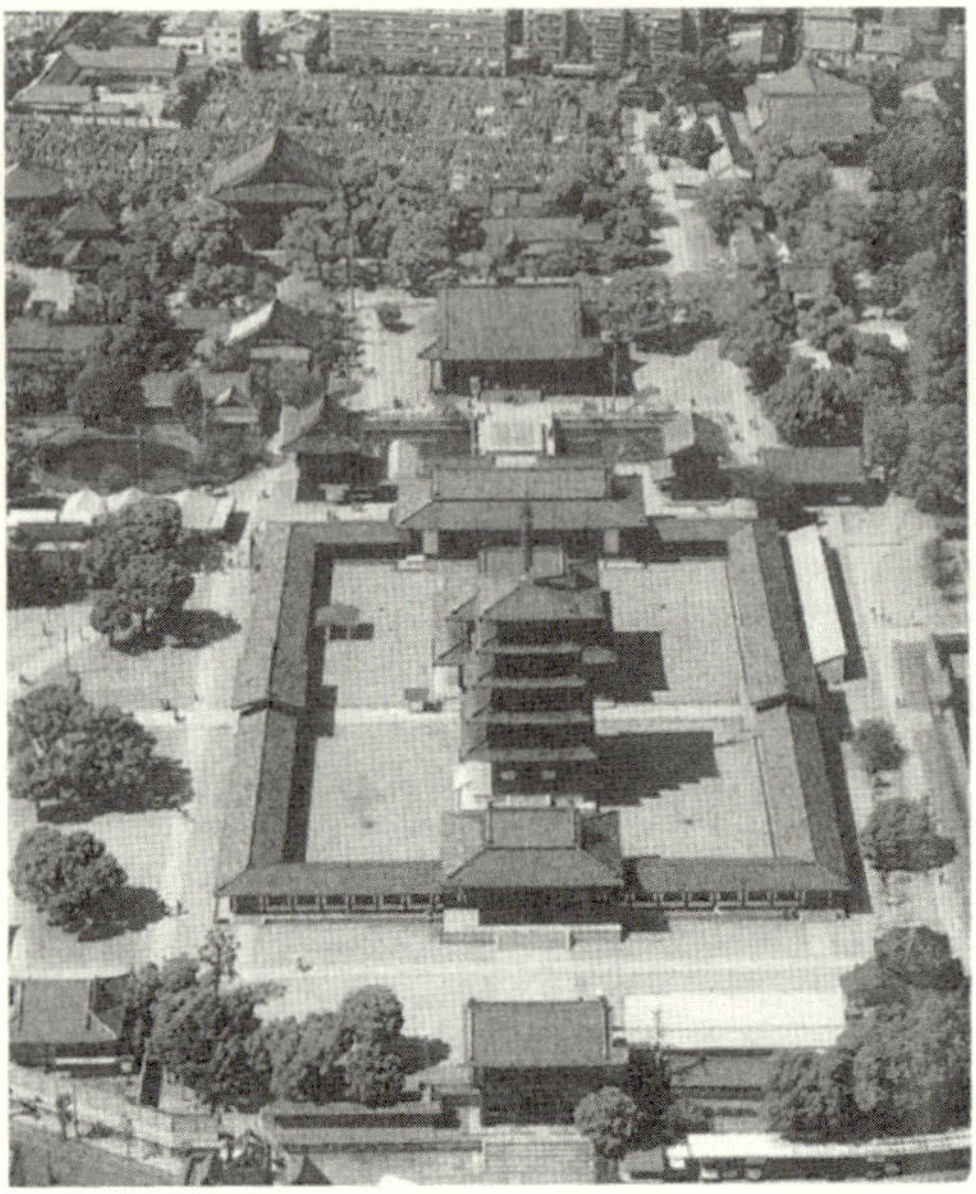

図8　四天王寺全景

されるのだろうか。

四天王信仰

まず目に付くのは、皇子の祈願が抽象的な仏・菩薩《ぼさつ》一般ではなく、四天王という具体的善神に向けられていることである。四天王は『金光明経《こんこうみょうきょう》』等に出る護法善神である。『日本書紀』の文脈では物部氏は廃仏派の頭目にされているから、それを討つという皇子の祈願は当を得たものである。

だが一方で「恐ろしき」「仏神」信仰である当時の仏教信仰を想起する時、皇子の祈願はかなりの違和感をともなうものとなる。さらに四天王信仰が一般に流布するのは七世紀後半から八世紀初期であることを考えると、この違和感は一層強くなる。また皇子が護法善神の筆頭四天王に祈り、馬子が他の諸神に祈るという構図は、如来《にょらい》と脇侍《わきじ》を取り巻く護法善神の配置を連想させる。それは仏・菩薩・眷属《けんぞく》の組織に関する知識を推測させるものだが、こうした知識も奈良時代初頭にならないと想定し難い。どちらも時期的に早過ぎるのである。

そして実は、そうした知識や四天王信仰の流布時期は、『日本書紀』の編纂時期と重なっている。だとすれば皇子や馬子の祈願文言については、『日本書紀』編纂者の創作と見るのが自然である。この記事も原史料は、前章で触れた蘇我氏顕彰譚に属するものであろう。そこに編纂時の知識による粉飾が加えられて、現在のような記事になったと考えられるのである。

だとするとこの記事から、生身の厩戸皇子像や馬子の信仰を抽出するわけにはいかない。せいぜい物部合戦の戦場にいたことが推測されるくらいであろう。推古大王即位前の厩戸皇子については、影絵程度にも見えてこないのである。

崇峻朝の仏法興隆

物部氏滅亡後即位した崇峻大王の代は短いが、仏教に関しては大きな進展が見られた時期である。即位した五八八年には、百済《くだら》から以下のように大規模な仏教スタッフと仏舎利《ぶっしゃり》が送られている。

> 百済国、使あわせて僧恵総《えそう》・令斤《りょうこん》・恵寔《えしょく》等を遣して、仏舎利を献ず。
> 百済国、（中略）調《みつき》を進《たてまつ》り、あわせて仏舎利、僧聆照《りょうしょう》律師・令威《りょうい》・恵衆《えしゅ》・恵宿《えしゅく》・道厳《どうごん》・令開《りょうけ》等、寺工太良未太《だらみだ》・文賈古子《もんけこし》、鑪盤博士《ろばんのはかせ》将徳白昧淳《しょうとくはくまいじゅん》、瓦博士麻奈文奴《まなもんぬ》・陽貴文《ようけもん》・㥄貴文《りょうけもん》・昔麻帝弥《しゃくまたいみ》、画工白加《びゃくか》を献る。
> （『日本書紀』巻二一、崇峻天皇元年是歳条）

仏舎利が頻繁に献上されているのは、善信尼《ぜんしんに》らの出家記事でも見たように倭人の主要な信仰対象であり、仏像に比して軽量極小で運びやすかったためであろう。ともかく公的仏教祭祀についても反対論が消滅したことを受けて、百済は大々的な自国仏教注入に乗り出したのである。

こうした積極的働きかけを受けて、倭国の「恐ろしき」「仏神」信仰にも変化の兆しが見えてくる。百済からの献上に続けて、次のように馬子周辺の慌ただしい動きが記されている。

蘇我馬子宿禰、百済の僧等を請《ま》せて、受戒の法を問う。善信尼等を以て、百済国の使恩率首信《おんそちしゆしん》等に付《さず》けて、学問に発《た》て遣《つかわ》す。飛鳥衣縫造《あすかのきぬぬいのみやつこ》が祖《おや》の樹葉《このは》の家を壊《こぼ》ちて、始めて法興寺《ほうこうじ》を作る。この地を飛鳥《あすか》の真神原《まかみのはら》と名づく。または飛鳥の苫田《とまた》と名づく。

（『日本書紀』巻二一、崇峻天皇元年是歳条）

飛鳥仏教の骨格形成

ここに列記された「受戒の法」諮問《しもん》、善信尼らの発遣、そして法興寺創建の三箇事は、先の留学請願の延長上に位置するものである。馬子はその際に、戒律の重要性とその修得のための百済留学の必要性の説明を受けている。武力衝突を前にして留学は延期したが、戒律への関心は維持されていたのである。そこに百済から新スタッフや仏舎利が献上されて、関心はいよいよ刺激される。その結果が「百済の僧等を請いて、受戒の法を問う」だったのである。内容を理解したかは疑問だが、権力者馬子の目が戒律という仏教の本質的要素に向き始めたのは大きな前進であった。かくして出家時よりは進んだ馬子の理解を追風にして、善信尼らは留学したのである。

一方国内施設整備として企図されたのが、倭国初の大寺たる飛鳥寺（法興寺）創建である。「真神原」という在来信仰の聖地を占地した点、塔心礎《とうしんそ》から挂甲《けいこう》・馬鈴《ばれい》・金環《きんかん》・勾《まが》玉《たま》・管玉《くだたま》・ガラス玉などの古墳と同じ埋納品が発掘されている点からすれば、この寺は在来祭祀と同根の「仏神」祭祀の「寺」であった。ただそのような「寺」であっても恒常的仏教祭祀施設の建設は、倭国仏教にとって大きな一歩であった。そしてその倭国初という称号のせいであろう、蘇我氏の創建でありながら飛鳥寺は、蘇我氏滅亡後も筆頭大寺の扱いを受ける。天武天皇によって奈良国家仏教の枠組みが再編整備されるまでは、倭国仏教の頂点に君臨し続けるのである。

こうしてみると飛鳥仏教の骨組みは、この時期に構築され始めたのである。これまで倭国仏教は、「恐ろしき」「仏神」信仰という今日まで続く底流からまったく踏み出せなかった。それが仏弟子（尼）の誕生を契機に、善信尼たちそして檀越《だんおつ》の馬子と教化が及ぶ。その成果がこの三箇事だったのである。倭国仏教は如法仏教に向かってようやく始動した。だがそこに至るには、まだまだ紆余曲折をへねばならないのである。

善信尼らの帰国

善信尼らが百済から帰国したのは、留学二年目の崇峻大王三年（五九〇）である。百済で戒法を学ぶ間に、まず還俗僧《げんぞくそう》を戒師《かいし》とした出家の異例さは指摘されたであろう。如法な出家をやり直したかは不明だが、『元興寺縁起』は尼たち自身の言葉として次のように記している。

戊申の年、ゆきてすなわち六法戒を受く。己酉の三月に、大戒を受く。
二年間あれば、記事の通り段階を踏んで正式の尼となるのは十分可能である。ここに倭人初の正式な尼となって善信尼らは帰国したのである。帰国後、彼女らは早速活動を開始する。

この歳、度《いえで》せる尼は、大伴《おおとも》狭手《さで》彦連《ひこのむらじ》がむすめ善徳《ぜんとく》・大伴《おおとも》狛《こま》の夫人《いろえ》・新羅《しらぎ》媛《ひめ》善《ぜん》妙《みょう》・百済《くだら》媛《ひめ》妙光《みょうこう》、また漢人《あやひと》善聡《ぜんそう》・善通《ぜんつう》・妙徳《みょうとく》・法定《ほうじょう》照《しょう》・善智聡《ぜんちそう》・善知恵《ぜんちえ》・善光《ぜんこう》等。鞍部《くらつくり》司馬達等が子多須奈《たすな》、同時に出家す。名づけて徳斉《とくさい》法師と曰う。
（『日本書紀』巻二一、崇峻天皇元年是歳条）

前後に例を見ない一度に大量の出家である。ここに善信尼らの関与があることは間違いない。だが先述の通り彼女らだけでは、如法な出家を行うことはできない。戒師として男の正式な僧侶（比丘僧）が必要だからである。戒法を学んだ善信尼らがこれを知らないはずはなく、自分たちだけで不法な出家を強行するとは考え難い。おそらく駐在百済僧が戒師を務めたのであろう。そして出家がこうした状況で行われたとすれば、一つ疑問が湧いてくる。戒法に沿った如法仏教育成にいま何が欠けているか、善信尼らには明らかだったはずである。それは男の比丘僧の早急な育成である。にもかかわらず出家した者のほとんどが尼というのは、なぜなのだろうか。

その理由は、善信尼らにはいかんともし難いところにあったと考えられる。善信尼らの正確な仏教理解は、倭人社会では稀な先進的環境で育まれた例外的なものである。そうした環境にない他の倭人たちの認識は、善信尼出家時の馬子のそれから進歩するべくもない。彼らにとって出家者は、相変わらず「恐ろしき」「仏神」に使える巫女なのである。だから有用な出家者として需要があるのは、僧侶ではなく尼だったのである。善信尼らとしても、当面は現実に合わせるしかなかったと考えられるのである。

「仏神」信仰と戒律

古代を通じてどころか中世でも言えることだが、日本人大多数の仏教の基調は「恐ろしき」「仏神」信仰である。そして一部に先進的理解が現れても、それは決して速やかにもまた全体にも流布しない。ましてや黎明期の場合、その傾向はきわめて顕著だったであろう。善信尼らの理解が周辺に広まるのは、容易なことではなかった。それを明確に示しているのが、推古《すいこ》大王三二年（六二四）僧侶が起こした傷害事件の際、その処置を巡って展開した議論である。

僧侶が斧で「祖父」を打つという前代未聞の事件に対し、推古大王は激怒する。即座に次のような詔を出して、厳しい処置を下そうとした。

詔して曰わく、「それ出家《いえで》せる者は、ひたぶるに三宝《さんぽう》に帰《よ》りて、みな戒法をたもつ。何ぞ懺《く》い忌むこと無くして、たやすく悪逆《あくぎゃく》を犯すべき（中略）。」ここに、諸《もろもろ》の僧尼を集《つど》えてかんがう。すなわち悪逆の僧および諸の僧尼を、並びに罪せんとす。　　（『日本書紀』巻二二、推古天皇三二年四月三日条）

処罰内容はともかくとして、あるべき出家者像と対比して浴びせられている批判は真当である。ここに見える推古大王の認識は、善信尼らの基本認識とも相通じるものであろう。

これに対し時の仏教界の代表者であった観勒《かんろく》は、次のごとく弁明した。

それ仏法、西国《てんじく》より漢《もろこし》に至りて、三百歳を経て、すなわち伝えて百済国に至りて、わずかに一百年になりぬ。然るに我が王、日本の天皇の賢哲を聞きて、仏像及び内典を貢上《たてまつ》りて、いまだ百歳にだもならず。故《かれ》、今時に当りて、僧尼いまだ法律（戒律のこと）を習わぬを以て、たやすく悪逆なることを犯す。ここを以て、諸の僧尼、かしこまりてせむすべ知らず。仰ぎて願わくは、それ悪逆せる者を除きて以外の僧尼をば、ことごとくに赦して、な罪したまいそ。これ大きなる功徳《くどく》なり。　　（『日本書紀』同）

推古大王はこの言に従った。だが同時に「僧尼を検校《かんがう》」の役職として僧正《そうじょう》・僧都《そうず》・法頭《ほうず》を設置、筆頭の僧正に観勒を任じている。大王から見た僧尼の素行は、放置するわけにはいかない放埒なものとなっていたのである。まただからこそ一僧の犯罪をきっかけに、全員が無法者と言ってもいい僧尼たちを徹底的に取り締まろうとしたのである。そして観勒の弁明も、僧尼の無法ぶりを裏打ちしている。「今時に当りて、僧尼いまだ法律を習わぬを以て、たやすく悪逆なることを犯す」というのだから、観勒も当時の僧尼がいつ犯罪を犯してもおかしくないと認識していたのである。

善信尼らが帰国して三十数年、彼女らが学んできた「戒法」は、一期生の倭人僧尼にまったく受容されなかった。むしろこの問答を見るに「戒法」を理解していたのは、俗人の推古大王の方だったのである。

推古の周辺でこうした理解が進んだ背景、また彼女が僧尼の素行に厳格であった背景については後述する。その前に、古代ないし日本の僧尼共通の問題として指摘しておかねばならないことがある。それは少なくとも古代日本では、僧尼に戒律がなぜ必要であるかを理解しなかったということである。

古代仏教における戒律

もともと戒律は、出家僧尼の自律的教団（サンガ・僧伽《そうぎゃ》）内での修行生活が円滑に進むように定められた規制である。対象として想定しているのは、何事も合議によって決める「僧伽」を構成する僧尼だけである。「僧伽」

が存在せず戒律の想定する事象が認識されていなければ、戒律規定の多くは、なぜ守らねばならないかという根本が見えなくなってしまう。単なる道徳規範や容儀整備要求と区別が付かなくなるのである。

そして日本古代には、そうした自律的「僧伽」は存在しなかった。官度《かんど》僧尼は国家に従属し国家目的に奉仕すべき集団であり、そのあり方は、国家ないしは時の権力者によって決められた。また民間仏教には、「僧伽」のような内面・外面双方の拘束力を持つ集団は育たなかった。古代日本仏教には、戒律が理解されて持戒が定着するための基盤は形成されなかったのである。だから鑑真《がんじん》によって正式な戒律体系が伝えられた時も、それを守る持戒精神の方は少しも定着しなかった。受戒は早々に単なる儀式と化し、僧尼の破戒も常態となる。古代末期には、僧尼にとって必須要件であるはずの戒律知識を持つ者をわざわざ探し求めねばならない状況となるのである。

善信尼らがもたらした「戒法」は、鑑真の戒律よりはるかに多くの障害のなかにある。周囲から「蕃神」に仕える巫女と期待されて誕生した倭人僧尼が、容易に理解・受容し得るものではなかった。かくして善信尼らの「戒法」は、当時の僧尼には根付くことなく終わったのである。

だがそれは痕跡も残さず消滅したわけではない。先の推古大王の言から窺われるように、知識としてはむしろ王族・豪族社会の方に受容されるのである。「戒法」にかぎらず推古朝までの時期において、仏教を吸収・受容する主体だったのはこの階層である。一方倭人僧尼が倭国仏教の担い手となるのは、遣唐留学した僧侶の帰国が本格化する大化改新ごろからである。崇峻朝から推古朝にかけて、半島諸国からの仏教流入は「仏教公伝」後のピークを迎える。この最新の仏教を受容したのも王族・豪族であった。そしてその中心にいたのが蘇我馬子であり、厩戸皇子もその一員だったのである。

氏族仏教の展開

師僧慧慈

『日本書紀《にほんしょき》』推古《すいこ》大王元年（五九三）条は、先代に造営開始した飛鳥寺《あすかでら》の塔心柱《しんばしら》が立てられた記事で始まっている。さらに是歳条には四天王寺《してんのうじ》創建も記され、仏教に彩られた飛鳥時代のイメージにふさわしい幕開けと言えよう。そしてこの推古元年記事でかなりの分量を占めているのが、厩戸《うまやど》皇子「皇太子」「摂政《せっしょう》」就任にともなう彼の人物紹介である。

記事に見える「皇太子」「摂政」については、本書の主題から外れるので触れない。またここには以後多く現れる奇瑞《きずい》説話も見えているが、これは安易には使えない。奇瑞説話が史料としてまったく使えないわけではない。実録記事以上に説話成立時の思想状況が抽出できる場合は多々ある。ただ抽出し得るのは、あくまで説話成立時点の背景である。説話が語る内容そのものが史実を語ることはまずない。厩戸皇子の諸説話も例外ではないのである。

これらを勘案した時、皇子の仏教に関係する記述として使えるのは、彼の師に言及した次の一節のみとなる。

内教《ほとけのみのり》を高麗《こま》の僧慧慈《えじ》に習い、外典《とつふみ》を博士覚哿《かくか》に学びたもう。

（『日本書紀』巻二二、推古天皇元年四月一〇日条）

慧慈に関しては、同じことが推古大王三年五月の来朝記事にも見える。

高麗の僧慧慈、帰化《もうおもぶ》く。すなわち皇太子、師としたもう。

（『日本書紀』巻二二、推古天皇三年五月一〇日条）

また平安時代初頭成立の『上宮聖徳法王帝説《じょうぐうしょうとくほうおうていせつ》』、鎌倉時代末成立の『三国仏法伝通縁《さんごくぶっぽうでんずうえん》起《ぎ》』は各々次のように記している。

上宮王、高麗慧慈法師を師とす。王の命《みこと》、よく涅槃常住《ねはんじょうじゅう》・五種仏性《ごしゅぶっしょう》の理を悟り、あきらかに法花三車《ほっけさんしゃ》・権実二智《ごんじつにち》の趣《おもむき》を開き、維摩不思議解脱《ゆいまふしぎげだつ》の宗を通り達《さと》り、また経《きょう》部《ぶ》と薩婆多《さつばた》との両家の弁《わきま》えを知る。

（『上宮聖徳法王帝説』）

高麗慧慈・慧観《えかん》・百済慧聡《えそう》・観勒《かんろく》、ならびに三論《さんろん》宗法輪の匠《たくみ》なり。（中略）これらの諸師、みな成実《じょうじつ》に通ず。太子、慧慈・慧聡・観勒を以て師とし、仏法を習学せるは、すなわちこれ三論・成実宗義なるのみ。

（『三国仏法伝通縁起』巻中）

これら諸書が一致して皇子の師としているのは慧慈だけである。またこの後の『日本書紀』記事においても、師は一貫して慧慈ということになっている。厩戸皇子の仏教の師がもっぱら慧慈であったことは認めてよかろう。では『上宮聖徳法王帝説』のいうように、皇子がさまざまな教学に通じたというのも史実なのだろうか。

慧慈と厩戸皇子の教学

『三国仏法伝通縁起』は、慧慈は三論・成実教学の学僧としている。まずそれが『上宮聖徳法王帝説』の記述と整合するかを見てみよう。冒頭に見える「涅槃常住・五種仏性の理」は『涅槃経』にもとづく涅槃教学である（ただし文脈の上では、同じ系統で厩戸皇子が講じたとされる『勝鬘経』教学を想定）。そして「法花三車・権実二智の趣」は『法華経』にもとづく法華教学、「維摩不思議解脱の宗」は『維摩経』にもとづく維摩教学である。これらは先に見たように、六朝仏教で三論教学と並んで重視された教学である。『三国仏法伝通縁起』に言及はないが、慧慈が必須教学として教えたとしても不思議ではない。

また「経部と薩婆多との両家の弁え」だが、これは成実教学を指すものと考えられる。成実教学は『成実論』にもとづく教学だが、この論は「経部」の立場から「薩婆多（有部）」教義を批判したものだからである。したがってこれも慧慈の専門領域である。『上宮聖徳法王帝説』の記す教学は、厩戸皇子が受学したものとしては納得できるのである。

それでは皇子がこうした教学を修得していたかと言えば、これは疑問である。『上宮聖徳法王帝説』に見える教学は、当時の東アジアでも最先端の教学である。そして皇子がいかに努力したとしても、またいかに慧慈が熱心に教えたとしても、学問僧師弟として受学したわけではない。しかも修学期間は、推古大王二三年（六一五）の慧慈帰国までの二〇年しかなかったはずである。こうした条件下で、皇子が最先端教学を修得し得たとは到底考えられない。それはあまりにも非現実的である。皇子が「悟り」「開き」「通り達り」「知る」とされている教学は、現実には『三国仏法伝通縁起』が記すように、慧慈から「習学せる」教学と解すべきであろう。『上宮聖徳法王帝説』は、こうした慧慈の教授内容を厩戸皇子の修得内容に投影して記述したのである。

ここから顧みるに、先に物部《もののべ》合戦記事で見た皇子の四天王《してんのう》信仰を史実と見なせないことが、改めて納得されよう。慧慈来朝以前に本格的仏教修学の機会があったのは馬子《うまこ》周辺だけだが、皇子がそのために馬子に近付いた形跡はない。皇子の仏教を考える場合、その起点は慧慈来朝の推古大王三年に置いて考えねばならないのである。

三宝興隆詔　飛鳥寺塔心柱の立柱、四天王寺創建で始まった推古大王の二年目、大王自らも積極的に仏教後援の姿勢を打ち出すに至る。いわゆる「三宝興隆《さんぽうこうりゅうの》詔《みことのり》」である。

皇太子及び大臣に詔して、三宝を興《おこ》し隆《さか》えしむ。この時に諸の臣・連等、おのおの君親の恩のために、競いて仏舎を造る。すなわちこれを寺という。

（『日本書紀』巻二二、推古天皇二年二月一日条）

この記事は、かなり注意して読まねばならない。まず詔だが、崇峻大王殺害後に急遽擁立された推古大王が自発的に発したものとは考え難い。以下で見るように、当時の仏教をリードしていた馬子の意思を体現した詔と見るべきであろう。推古大王はともすれば厩戸皇子と一体視されて、熱心な仏教信奉者というイメージが強い。しかし後述するように、このイメージは必ずしも史実に合致しない。この詔も大王の崇仏を否定するものではないが、個人的信仰の証左ともなし難いのである。

またこの記事だけを読むと、詔を契機にして氏族社会に仏教が敷衍《ふえん》したかのように見える。だが現実には「寺」はすでにいくつか創建されている。仏教は蘇我氏やその周辺氏族はもちろん、物部氏や用明《ようめい》大王・厩戸皇子らの王族にまで流布しているのである。だとすると、この記事をどう解釈すべきなのだろうか。

鍵になるのは「諸の臣・連等」の内実である。これを蘇我氏を初めとする有力大氏族のこととすると、指摘したような矛盾を生じてしまう。したがってこれは名前のあまりでてこない中小氏族のことと見るべきであろう。彼らの多くは仏像や僧尼に接触する機会も少なかったであろうから、もともと受容に積極的だったとは考えにくい。そのうえ自前の仏教供給パイプを持たないから、受容したくとも現実には難しかったであろう。それが物部合戦によって仏教公認は実質的に確定する。仏像などの信仰装置も提供されやすくなっていたであろう。おそらく「三宝興隆詔」以前から、この階層の仏教受容は飛躍的に進行しつつあったと考えられる。

そこに最後の仕上げとなったのが、この詔だったのである。仏教が公的に全氏族の前に推奨信仰として提示されたのを受けて、彼らは一気に受容に走ったのである。だが飛鳥寺のような大寺を建てることはできない。ささやかな「仏舎」を建てるのが精一杯だったであろう。然してこの「仏舎」も、飛鳥寺と同じく「寺」と呼んだのである。「三宝興隆詔」の記事が語っていたのは、こうした個々の力は小さいが数的には氏族社会の大半を占める階層の動きだったのである。

推古朝仏教の幕開け

このような動きをともなった推古大王の治世の始まりは、仏教文化の開花を予測させるものであった。実際それを裏付けるような事柄が、治世早々に相次いで記されている。先にも触れたが推古大王三年（五九五）には、厩戸皇子の師となる慧慈が来朝している。そしてこの年には百済から慧聡も来朝、この両の僧、仏教を弘演《ひろ》めて、ならびに三宝の棟梁《むねうつはり》となる。

（『日本書紀』巻二二、推古天皇三年是歳条）

という飛鳥仏教界の指導者が顔を揃える。そして翌四年には飛鳥寺が完成、慧慈・慧聡はすぐにここに住している。そして二人の止住《しじゅう》した飛鳥寺は、倭国仏教の中心として機能していくのである。ここで飛鳥寺創建が馬子の事業だったことを顧れば、当時の倭国仏教の主導者が誰であったかは明白である。形式上は推古大王を戴くものの、仏教主導者は前代から変わることなく馬子であった。「三宝興隆詔」が馬子の意思に発するものであることも納得されよう。

また仏教の主供給源が、古くから蘇我《そが》氏とのパイプを持つ百済であることも変わりはな

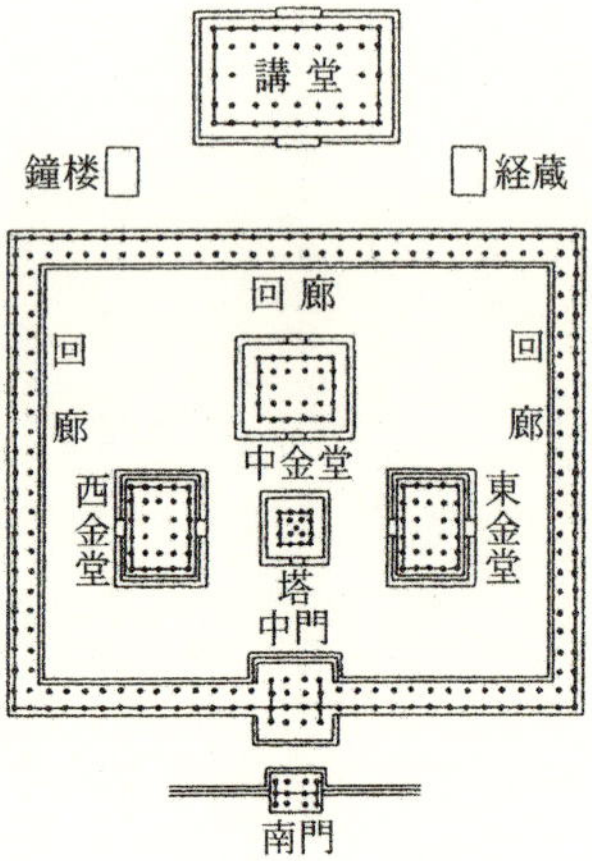

図9　飛鳥寺伽藍配置図

い。先の慧聡そして推古大王一〇年に来朝して推古朝後期の仏教を主導した観勒と、間断なく重要なスタッフを送り込んでいる。ただ前節でも触れたが、この時期から際立って積極化するのが高句麗《こうくり》仏教の動きである。

高句麗仏教の接近

これまでに登場した高句麗仏教者は、善信尼らの戒師を務めた還俗僧恵便《えべん》のみである。それも「修行者」探索の結果見出されたのであるから、倭国内で僧侶としての活動実績があったとは考え難い。発見された「修行者」の国籍がたまたま高句麗だっただけの話であろう。高句麗から僧侶が来朝していたことは窺われるが、物部合戦以前の影響はわずかだったと考えられる。

それが物部氏が滅亡して仏教公認が確実になったころから、高句麗仏教は急激に存在感を高める。崇峻朝初年に造営が始まった飛鳥寺は高句麗様式であるから、最低限必要なスタッフは来朝していたはずである。そして推古朝初頭に来朝し飛鳥仏教を担った慧慈は、高句麗僧である。また推古大王一〇年の観勒来朝と相前後して、高句麗からも僧隆《そうりゅう》・雲《うん》聡《そう》が来朝。同一八年には儒教・工芸など多方面に通じた曇徴《どんちょう》や法定《ほうじょう》が来朝。同三三年には三論宗開祖吉蔵《きちぞう》に学んだ慧灌《えかん》が来朝、観勒を継いで僧正《そうじょう》に任じている。ほとんど百済を凌駕するほどの進出ぶりである。

高句麗が急接近してきた理由は、百済と同じく半島の戦況を有利に進めるためであろう。仏教公認が確実になったのをチャンスと見て、高水準を自負する自国仏教の売り込みを図ったのであろう。一方倭国の側からしても、中国仏教と緊密な関係を持ち高水準の三論教学を保持する高句麗仏教は、百済仏教とはまた別の魅力ある供給源だった。売り込みを拒否する理由はなかったのである。そして来朝した慧慈が飛鳥寺に止住したことを見るに、この高句麗とのパイプも馬子に繋がっていたと考えられる。馬子はほとんどすべての供給元を押さえていたのである。

推古朝初頭においては推古大王も厩戸皇子も、馬子に比肩し得る存在ではなかった。また厩戸皇子にも推古大王にも、馬子に対抗しようという意識は薄かったであろう。ただ一方で、自身の信仰を馬子からの供給に依って形成することもなかったようである。皇子も大王も独自に、仏教に対するスタンスを模索し決定していったのである。

仏教信仰の多元化

　そうした徴候が窺えるのが推古天皇一一年（六〇三）一一月の、厩戸皇子についての次のような記事である。

皇太子、諸の大夫にかたりて曰わく、「我、尊き仏像有《たも》てり。誰かこの像を得て、恭《いやび》拝《まつ》らん。」
時に秦造《はたのみやつこ》河勝《かわかつ》、進みて曰さく、「臣、拝みまつらん。」
すでに仏像を受く。よりて蜂岡寺《はちおかでら》を造る。

（『日本書紀』巻二二、推古天皇一一年一一月一日条）

蜂岡寺（広隆寺《こうりゅうじ》）の縁起でもあるこの記事と、現実の蜂岡寺創建との関係には疑問も多い。ただ『日本書紀』『広隆寺資財交替実録帳』『広隆寺縁起』からするに、秦河勝は厩戸皇子の側近である。『上宮聖徳太子伝補闕記《ほけつき》』『聖徳太子伝暦《でんりゃく》』のいうように物部合戦ころから側近だったかはともかく、この時期の仏像下賜を疑う理由はない。それよりも重要なのは、これが旧来とは異なる仏教興隆の動きと見られることである。

　現存史料で見るかぎりこれ以前の仏教は、蘇我氏のみによって主導されてきた。朝鮮半島諸国からの供給も国内での興隆活動も、必ず蘇我氏を核としてなされてきたのである。用明大王の出家は自発的なものだったろうが、願意は自身の治病というきわめて限定的範囲のものであった。倭国仏教全体としては、蘇我氏という単一の核の周囲に展開していたわけである。

それがここで皇子は、自身主導で仏教興隆を推進している。蘇我氏の影は少なくとも直接的には見えない。こうした動向は初めて記された現象である。ただこれを厩戸皇子が蘇我氏に対抗しようとした行動と見るのは当らない。他の史料を見るかぎりそうした姿勢は見出だせない。むしろ先に見た推古朝初頭の急激な仏教普及から考えるに、信仰の広がりが蘇我氏周辺で一元的にカバーできる限度を超えた結果なのである。

そしてこのころから倭国仏教は、王族を含めた諸氏族のさまざまな信仰・祭祀によって支えられた多元的構造へと変容していく。それは理解水準でも信仰内容でもかなりの差異を内包しており、「倭国仏教」「飛鳥仏教」と括ってしまうにはあまりに雑駁《ざっぱく》な複合物であった。そしてその上層に、厩戸皇子一族と慧慈とを核とする小グループが含まれていたのである。

『憲法十七条』

道徳教戒としての憲法

『日本書紀《にほんしょき》』によれば『憲法十七条』は、推古《すいこ》大王一二年（六〇四）四月に厩戸《うまやど》皇子が制したという。記事には、

皇太子、みずからはじめて憲法十七条を作りたもう。

（『日本書紀』巻二二、推古天皇一二年四月三日条）

と記し、以下全条文を引用している。周知のように『憲法十七条』の信憑性については議論がある。だが「飛鳥仏教史の課題」の章で述べたように、森氏の音韻学的分析も、それだけでは『憲法』が推古朝に作られたことを否定し得ない。この時期に『憲法』が作られなかったと証明できた説はないのである。そこで以下、内容がこの時代のものとして整合

するか否か、条文に即して検証してみよう。

近代語では「憲法」という響きは重いが、この『憲法十七条』はつまるところ官人の勤務心得である。しかもその内容は極めて初歩的な心得である。例えば、

一に曰わく、和《やわら》ぐを以て貴しとし、忤《さか》うること無きを宗《むね》とせよ。（下略）

は協調性、

六に曰わく、（中略）人の善をかくすことなく、悪を見ては必ず匡《ただ》せ。（下略）

は勧善懲悪《かんぜんちょうあく》、

九に曰わく、信はこれ義の本なり。事ごとに信有るべし。（下略）

は信義、

十に曰わく、忿《こころのいかり》を絶ち瞋《おもえりのいかり》を棄てて、人の違うことを怒らざれ。（下略）

は寛容、

十四に曰わく、群臣百寮、嫉《うらや》み妬《ねた》むこと有ることなかれ。（下略）

は嫉妬《しっと》抑制と、いずれも一般的な道徳教戒である。

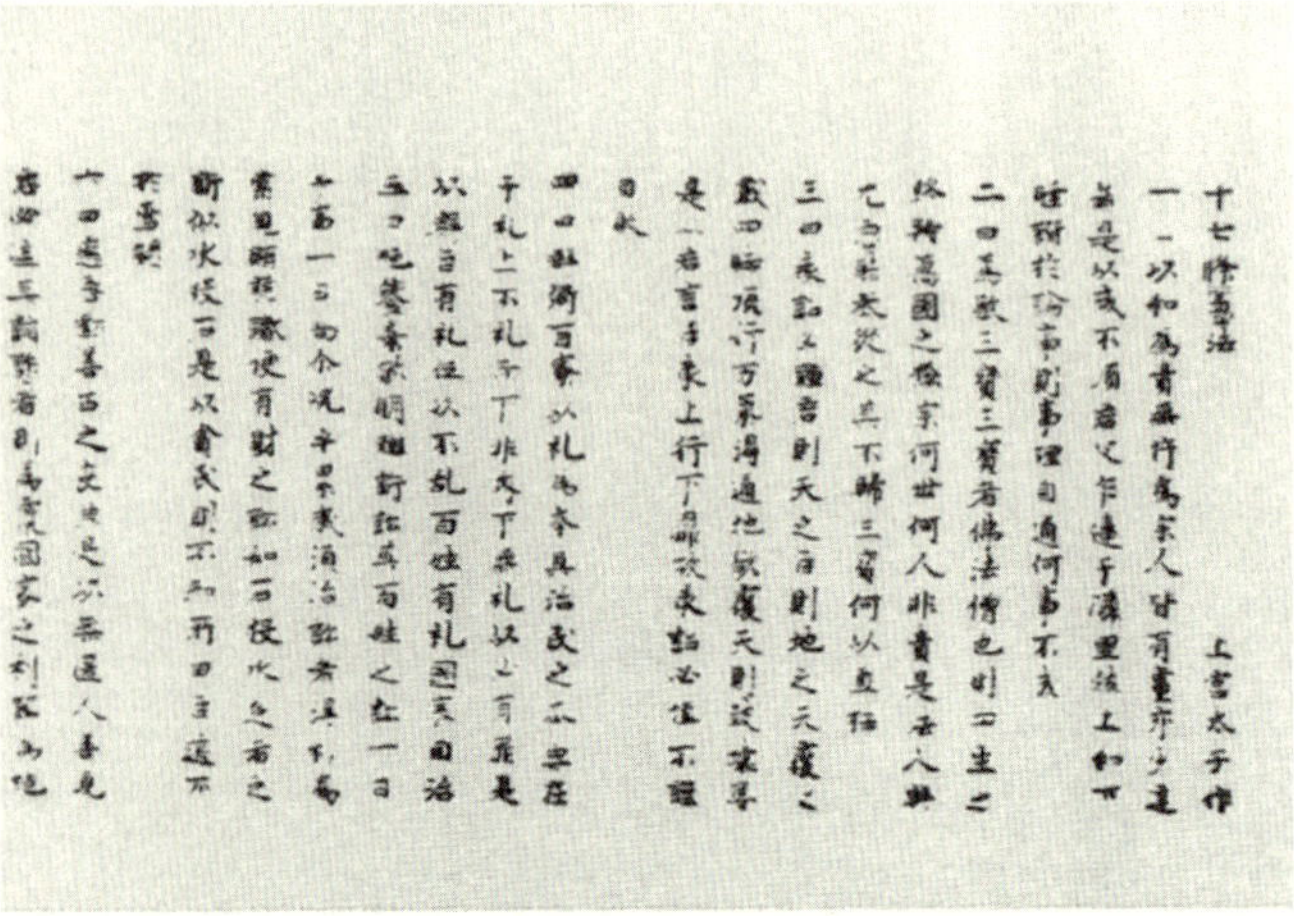

図10　『憲法十七条』（法隆寺所蔵）

勤務心得としての憲法

そして他の諸条も、以下に見るようにみな官人としてのごく一般的な勤務心得である。

三に曰わく、詔を承りては必ず謹め。（下略）

四に曰わく、群卿百寮、礼を以て本とせよ。（下略）

五に曰わく、あじわいのむさぼりを絶ち、欲することを棄てて、あきらかに訴訟を弁《さだ》めよ。（下略）

七に曰わく、人おのおの任有り。掌《つかさど》ること濫《みだ》れざるべし。（下略）

八に曰わく、群卿百寮、早くまいりておそく退《まか》でよ。（下略）

十一に曰わく、功《いさみ》過《あやまり》をあきらかに察《み》て、賞《たまいもの》し罰《つみな》うること必ず当てよ。(下略)

十二に曰わく、国司・国造、百姓をおさめとらざれ。(下略)

十三に曰わく、諸の官に任《よさ》せる者、同じく職掌を知れ。(下略)

十五に曰わく、私を背《そむ》きて公にゆくは、これ臣が道なり。(下略)

十六に曰わく、民を使うに時を以てするは、古の良き典なり。故、冬の月に間有らば、以て民を使うべし。(下略)

十七に曰わく、それ事ひとり断《さだ》むべからず。必ず衆と論《あげつら》うべし。(下略)

引用部以外に儒教経典や仏教知識にのっとった説明が加えられているが、さして高度な知識を必要とするものではない。また官人心得といっても、律令官僚制のような専門分化した組織を念頭に置いている様子もない。「国司」「諸の官に任ぜる者」などの文言は、大化改新詔同様『日本書紀』編纂時に加わったものであろう。だが述べている内容は、律令官僚制など知らなくとも十分語り得るものである。推古朝当時の最新知識があれば書ける内容なのである。つまりそうした知識に触れ得る立場にいた厩戸皇子が『憲法十七条』を制したとして、何ら不自然はないわけである。

もちろん当時の官人が『憲法』の訓戒を十分理解できたとは思えない。例えば第四条の

「礼」の内容などは、ほとんどの官人には理解不能だったであろう。だが先進的知識に接していた厩戸皇子が、未熟な官人たちに目指すべき方向を示したものと考えれば問題はない。おそらく『憲法十七条』は、当時の官人たちに現実に適用することを前提にした心得ではなかった。彼らを導く方向を示した未来志向の心得だったのである。そこで目標とすべきモデルとされたのは、典籍や儒学者を通じて知識を得ていた中国官僚機構である。だが中国留学生《るがくしょう》の帰国も少なかった当時とて、知識は詳細なものではなかった。かくして官人モデルの知識が大雑把だったために、『憲法』の内容もごく一般的にならざるを得なかったのである。

仏教関係の条項

仏教思想に関しても条文に現れているのは、教学理解の進んだ『日本書紀』編纂時よりは厩戸皇子の時代にふさわしい素朴なものである。具体的に見てみよう。

『憲法』のなかで明確に仏教を踏まえた条文は、次の第二条だけである。

二に曰わく、あつく三宝《さんぼう》を敬え。三宝とは仏・法・僧なり。則ち四生《ししょう》の終帰、万の国の極宗なり。いずれの世、いずれの人か、この法を貴びずあらん。人、はなはだ悪しきものすくなし。よく教うるをもって従う。それ三宝に帰《よ》りまつらずば、何を以てか、まがれるを直《ただ》さん。

これ以外にも、先の第一条を仏教に由来すると見る説もある。だが冒頭に続く、

人みな党有り。また達《さと》る者少し。ここを以て、或いは君父に順わず。また隣里に違《たが》う。然れども、上やわらぎ下むつびて、事あげつらうにかなうときは、事理おのずからに通《かよ》う。

を見るに、儒教的な人倫道徳を説いたものとするべきであろう。

また第十条に仏教の反映を見る説もある。「忿」や「瞋」の抑制が仏教にでてくることも根拠の一つだが、「人みな心有り。心おのおの執《と》れること有り」「我必ず聖にあらず。彼必ず愚にあらず。共にこれ凡夫《ただひと》ならくのみ」という具合に、条文に仏教用語が用いられていることも根拠とされている。だがこれも結論が「我ひとり得たりと雖も、衆に従いて同じくおこなえ」と、儒教的道徳へと収斂していることを見るに、基本理念は儒教であろう。仏教用語は文飾として用いられたに過ぎないと考えられる。したがって内容的に仏教思想を土台としている条文は、第二条のみである。『憲法』における仏教の比重は決して大きくはないのである。

第二条の仏教思想

これらを踏まえて第二条を分析してみよう。一読して分かるように、その主張は三宝帰依《きえ》である。そして『憲法』は官人心得であるから、官人に入信せよと命じているわけである。だが本条に関しても、命じたことが現実になると考えていたわけではあるまい。先に述べたように、これも厩戸皇子にとって目指すべき方向を示したものであろう。したがって第二条は、彼の個人的信仰の延長に位置付けて分析すべき史料なのである。

そうした方向から条文を照射してみると、指摘し得るのは信仰における集団志向である。信仰を個々人で内面的に育むのではなく、集団で共有していこうという姿勢である。官人心得という枠組みからこうした色合いが強調されたこともあろう。だがそもそも三宝帰依を官人心得とすること自体、集団志向の現れである。そしてこの集団志向は、厩戸皇子の仏教が大乗《だいじよう》菩薩道《ぼさつどう》を志向していたことを推測させる。小乗系の仏教ならば、皆で三宝帰依するといったやり方は考えない。また「三宝に帰」した後で他人の「まがれるを直さん」という発想もでてこないからである。

さらに本質的な問題は、官人心得の基盤をなす儒教道徳と仏教が融通し得ると認識されている点である。儒教道徳と仏教的徳目が無造作に組合わされた条文から分かるように、

『憲法』はこの点をまったく疑っていない。だがそもそも官人としているかぎり、皇子の志向する大乗菩薩道は貫徹し得ない。官人とは無知な民衆の上に立ちその学識をもって彼らを導く者であるのに対し、菩薩とは自己犠牲的に自らを捨てて民衆を救う者だからである。多くの本生譚《ほんじようたん》を見ても分かるように、地位ある者はそれを捨てないかぎり菩薩たり得ないのである。

厩戸皇子と菩薩道

厩戸皇子は、こうした大乗菩薩道の本質までは理解していなかった。彼の頭に描かれていたのは、おそらく次のような単純な図式であろう。まず民衆の教導役たる官人たちが大乗菩薩道に帰依すると、おのずから慈悲にもとづいて民衆を教化・救済していく。これにより民衆も感化されて菩薩行（慈悲行）の実践に導かれる。かくして倭国は大乗仏教が根付いた仏国土となる。

官人の職務がそもそも慈悲行たり得るかといった問題は、皇子の脳裏には浮かばなかった。彼の認識では仏教は、官人の儒教道徳と融通し得る次元のものだったからである。つまり皇子の「仏教」は、朝鮮仏教の主流がそうであったように、国家の論理と結びついていた。だからこそ厩戸皇子は、仏教に支えられた国家の未来像を描くことができたのである。その理解が極めて世俗的色彩の濃いものであったことは否定できない。彼自身の認識はともかく皇子の「仏教」の内実は、出世間的救済を追求する本来の大乗仏教とは異なるものだったのである。

かくして理解に限界があるとはいえ、在来神祇と変わらない周囲の「仏神」信仰と比べれば格段の違いがある。慧慈の薫陶《くんとう》を受けた皇子の仏教は、周囲から離陸し始めていたのである。それは内向的な「仏神」信仰から、国境のない普遍的信仰へとシフトしていくことを意味した。そしてその仏教はもともと外国からもたらされたものである。外国を本場とする普遍宗教をもって国家を支えようとする以上、皇子の目が海外に向くのは当然であった。

遣隋使

推古大王一五年（六〇七）の遣隋使《けんずいし》について記す『隋書倭国伝《ずいしょわこくでん》』は、大山氏が指摘するように、倭王「多利思比孤《たりしひこ》」に関する記述が推古大王周辺とうまく整合しない。そのため仏教関係の言動についても、旧説のようにすべて厩戸皇子一人に結び付けるのは難しい。当時倭国仏教を主導していたのは蘇我馬子であるから、有名な次の口上にしても、馬子のものであった可能性は高い。

聞く、海西の菩薩天子、重ねて仏法を興すと。故に、遣《つかわ》して朝貢せしめ、兼ねて沙《しゃ》門《もん》数十人、来たりて仏法を学ぶ。（『隋書倭国伝』）

ただ主導者は馬子であったとしても、こうした中国への働きかけは、先に見た皇子の意向とも一致していたと考えられる。倭国仏教全体を主導していた馬子、そして個人的に仏教に傾倒していた厩戸皇子が共に至ったのは、本家中国からの本格的な仏教導入という結論だったのである。

その結果始まった中国仏教との直接交渉は、倭国仏教の方向を大きく変えることとなる。仏教界が、ようやく「仏神」信仰から本来の仏教に目を向けるのである。一般信者の大半は、相変わらず「仏神」信仰に漬かったままである。だが仏教界は、この最初期の中国留学から帰国した僧旻《みん》・南淵請安《みなぶちのじょうあん》らの指導によって、奈良仏教への道を歩み始めるのである。

そして以後の遣隋使・遣唐使においても、留学僧のウェイトが低下することはなかった。ここからするに推古大王および以後の朝廷も、こうした仏教界の水準向上には熱心だったのである。そして推古朝は、国内政策のみならずはじめて外交を通じて仏教振興が図られた時期だった。厩戸皇子も、こうした国を挙げての仏教振興潮流に掉さしていたと考えられる。そしてまた即位当初は目立たなかった推古大王の仏教行業《ぎょうごう》も活発となっていったのである。

講経と『三経義疏』

厩戸皇子の講経

推古《すいこ》大王一三年（六〇五）、大王は皇親・諸臣と誓願を立てて金銅と刺繍の丈六仏《じょうろくぶつ》造立を発願《ほつがん》。仏師鞍作鳥《くらつくりのとり》の主導の下、高句麗《こうくり》王からの黄金寄進も受けて翌年には完成する。金銅仏は飛鳥寺《あすかでら》金堂に安置され、この時盂蘭盆会《うらぼんえ》も創始されている。そしてこの年、厩戸《うまやど》皇子の仏教を語る際に必ず言及される講経《こうきょう》が、推古大王の要請で行われている。

秋七月に、天皇、皇太子を請《ま》せて、勝鬘経《しょうまんぎょう》を講かしめたもう。三日に説《と》きおえつ。この歳、皇太子、また法華《ほけ》経を岡本宮《おかもとのみや》に講く。天皇、大きに喜びて、播磨《はりま》国の水田百町を、皇太子に施《おく》りたもう。よりて斑鳩寺《いかるがでら》に納れたもう。

（『日本書紀』巻二二、推古天皇一四年七月条・是歳条）

この講経は『法隆寺伽藍縁起《がらんえんぎ》并《ならびに》流記資財帳《るきしざいちょう》』『上宮聖徳法王帝説《じょうぐうしょうとくほうおうていせつ》』によれば「戊午年（五九八）四月十五日」のこととされ、

> 上宮聖徳法王に請《ま》せて、法華・勝鬘等の経（『上宮聖徳法王帝説』では『勝鬘経』のみ）を講《と》かしむ。その儀、僧のごとし。諸の王と公主と臣と連と公民と、信受《う》けて、嘉《よみ》せずということ無し。
> （『法隆寺伽藍縁起并流記資財帳』。『上宮聖徳法王帝説』ほぼ同文）

と記されている。他にも『法隆寺東院資財帳《ほうりゅうじとういんしざいちょう》』（『勝鬘経』『法華経』に『維摩《ゆいま》経』を加えた三経講経とす）『上宮聖徳太子伝補闕記《でんほけつき》』『聖徳太子伝暦《しょうとくたいしでんりやく》』といった奈良時代から平安時代にかけての史料に講経の記事が見えている。

講経の実態

旧来の神話的「聖徳太子」像においてこの講経は、その学識の水準を象徴するものとされてきた。すなわち厩戸皇子は「僧のごと」き専門的な経典講義をしたと解釈され、人物造形に神話性を加える材料となってきたのである。だが彼が涅槃《ねはん》・法華教学はじめ広く教理に通じていたという『上宮聖徳法王帝説』の記事が非現実的であることは、すでに見た通りである。厩戸皇子の仏教は、篤信の在家信者を超えない枠組で考えねばならないのである。

したがって講経に関しても、「僧のごと」き専門的講義を想定するのは当たらない。現実的に考えれば、藤枝晃氏が推測する「遣隋使《けんずいし》が持ち帰ったばかりの難かしい『義疏《ぎしょ》』を、太子が天皇の前で声高く朗読した」といった行為、あるいは経典の冒頭や核心部分を朗読してみせたといった行為を「講《と》かしむ」「講く」と表現したとすべきであろう。

ただ先に触れたように、ここで選ばれた『勝鬘経』『法華経』また『法隆寺東院資財帳』によれば『維摩経』もだが、いずれも当時の中国仏教で重視されていた経典である。また推古大王が女性であることに注目すれば、前二経は女性救済を主題の一つに持つ経典である。そして『維摩経』は在家仏教の重視・賞揚を主張する経典である。したがってこれが中国仏教の評価や経典内容そして聴衆推古大王の特性を意識した選択だとすれば、その見識は在家信者としてはかなりの水準である。そしてそもそも経疏を正確に朗読できたとすれば、当時の倭人社会では傑出した仏教知識である。「仏神」信仰水準にあった周囲から見れば、その様子は「僧のごと」く見えたであろう。そしてそれを大王の御前という晴舞台で披露するのは、藤枝氏の言うように「正史に記載するに足る盛事であった」のである。

ただこの「盛事」を境に、推古大王の仏教に対する姿勢は俄かに消極的になる。翌推古大王一五年二月には、次のような詔が発せられている。

朕聞く、むかし我が皇祖の天皇等、世をおさめたもうこと、天にせかがまり地にぬきあしにふみて、あつく神祇を礼《いや》びたもう。（中略）今朕が世に当りて、神祇を祭い祀ること、あに怠ること有らんや。故、群臣共に為《ため》に心をつくして、神祇を拝《いやびまつ》るべし。（『日本書紀』巻二二、推古天皇一五年二月九日条）

推古大王の仏教不信

これを受けて六日後に、厩戸皇子と蘇我馬子《そがのうまこ》が「百寮を率て」の「神祇祭拝」を行っている。在来神祇祭祀の長としての戒めに、皇子・馬子が誠実に応えたという構図である。だが時期を考えると、大王のさらなる意向が見えてくる。

詔が出されたのは先に見た講経の翌年である。また五ヵ月後には初めての遣隋使で多数の留学僧が派遣されている。こうした時期を選んだのは、一気に勢いを得た仏教そして仏教に象徴される外国文化熱への牽制の意味があったと考えられる。厩戸皇子の講経に「大きに喜」んだという推古大王だが、それ以後積極的な仏教行業への参加はしていない。推古大王二二年には、馬子の病に際して男女一〇〇〇人を出家させている。だがこれはどちらかといえば、馬子の願いを聞き入れたものであろう。それに治病のような具体的祈願は在来神祇には通じないから、選択の余地もなかったであったろう。

また『聖徳太子伝暦』によれば、推古大王二四年、大王の病に皇子が「諸伽藍」を造営して延命を祈願したところ病は治ったという。そして皇子にならって「諸国々造伴造臣連並大夫已下《いか》百官人等」が競って寺塔を建てたので、皇子は大いに喜んでこれら寺塔の運営支援を命じたという。だが『聖徳太子伝暦』は平安中期に成立したものであり、他に記録のないこの記事は信用し難い。同書には推古大王二五年に皇子に依頼して『勝鬘経』講経をさせたという記録も見えているが、同じ理由でこの講経も史実とは見なせない。

だとすると推古大王が仏教に好意的に関与した痕跡は、推古大王一四年の講経を最後に見えないことになる。そしてその後大王が仏教に関与した事件といえば、前節で見た僧侶の傷害事件になる。この事件で大王の仏教界に対する姿勢がきわめて厳しかったことはすでに見た。講経以後の大王は仏教と距離を置き始めていた。その距離は、治世末年には仏教界の粛正を図るほどに開いてしまうのである。

仏教界の実情と対策

こうした事態に至る背景が窺われるのは、傷害事件の際の詔である。そこで問題にされていたのは僧尼の素行であった。大王は現今僧尼の素行に業《ごう》を煮やしていたのである。ここから考えるに大王が批判姿勢を強めていった理由も、この僧尼の素行にあったと考えられる。

厩戸皇子の講経が行われたのは、倭国仏教が加速度的に膨張し始めた時期であった。僧尼の数も急増したであろう。そこに推古大王二二年（六一四）の僧尼一〇〇〇人出家といった大量出家も加わる。治病目的の出家は、用明《ようめい》大王二年（五八七）鞍部《くらつくりのたすな》多須奈の大王治病のための出家に先例がある。だが今回は人数が桁違いである。数が多いほど功徳《くどく》も大きいという数量功徳的認識に発するもので、こうした認識自体は倭国にかぎらずどこでも見られる。ただ巷の仏教理解がほとんどできていないこの時期の大量出家は、そのまま低資質僧尼の増産を意味する。先の「仏教の誕生と流伝」の章で見た三世紀中国で起こった現象が、倭国でも現出したのである。厩戸皇子の講経以降の推古朝後半は、僧尼の数こそ増えたものの、戒律も知らない僧尼の不品行が顕在化する時期でもあった。

一方推古大王は、講経を自ら要請していることに窺われるように、仏教教義に対する個人的関心は高い。そして経典内容や中国での評価を踏まえてテキスト選択ができる厩戸皇子がいたからには、基本的教義くらいは知っていたであろう。僧尼のあるべき姿についても知識は持っていたと考えられる。そして仏教に心を寄せ教義も知っていただけに、大王は素行不良の僧尼ばかりが目立つ眼前の仏教を支持することはできなかった。むしろ不信感を募らせていったのである。先に見た中国留学僧の積極的派遣も、一つにはこうした現状不信に由来するものだったと考えられるのである。

加えて大王は、在来祭祀の長たることも強く自覚していた。そうした仏教が在来祭祀を圧迫していることも、決して快くは思っていなかったであろう。大王の目に当時の状況は、歪んだ仏教が蔓延していくように映っていたのである。かくして不満はくすぶり続け、それを遂に爆発させたのが僧侶による傷害事件だったのである。朝野挙げて仏教に熱を挙げていた推古朝にあって、大王の倭国仏教を見る眼差しは冷ややかだったのである。

『三経義疏』の史料

『上宮聖徳太子伝補闕記』によれば、厩戸皇子が『三経義疏』を製したのはそうした推古朝中ごろだった。すなわち『勝鬘経義疏』は推古大王一七年（六〇九）に製疏を始めて同一九年完成、『維摩経義疏』は同二〇年に始めて翌年完成、『法華義疏』は同二二年に始めて翌年完成したという。史料上の初見は天《てん》平《びょう》一九年（七四七）の『法隆寺伽藍縁起幷流記資財帳』の次の記載である。

法華経疏三部各四巻
維摩経疏一部三巻
勝鬘経疏一巻

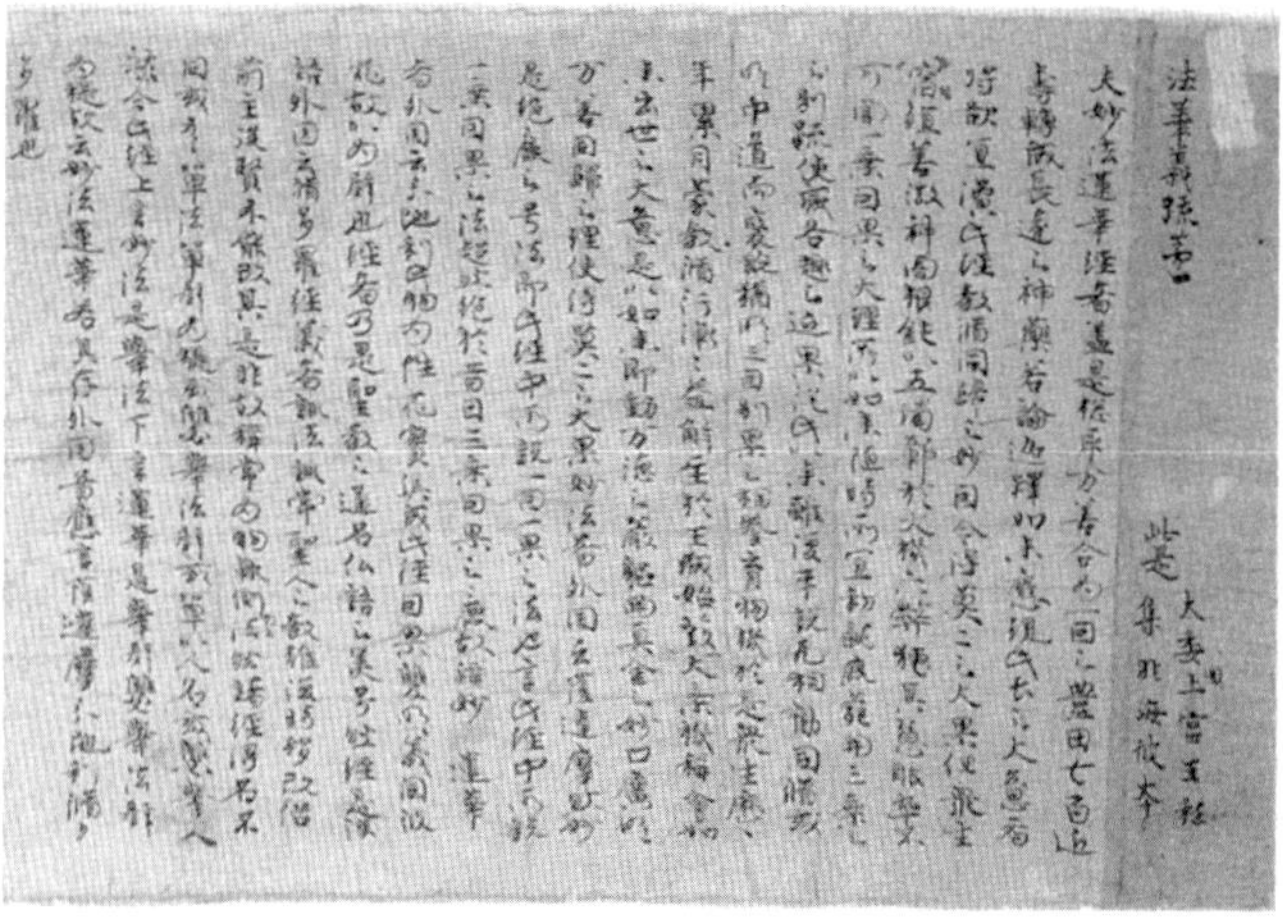

図11　『法華義疏』（御物・宮内庁所蔵）

右、上宮聖徳法王の御製といえり。

以後『上宮聖徳法王帝説』『聖徳太子伝暦』など平安時代の聖徳太子伝に、製疏のことが見えている。そして現在『勝鬘経義疏』『維摩経義疏』の内容は、鎌倉時代の刊本によって知ることができる。また『法華義疏』は、皇室御物《ぎょぶつ》に皇子の自筆草稿本と伝えるものが現存している。

信憑性を問題にしなければ、厩戸皇子御製を指し示す史料は豊富である。そのため古くは、何の疑いもなく『三経義疏』は皇子の仏教を代表するものとされてきた。だがよく考えれば、最も古い『法隆寺伽藍縁起幷流記資財帳』ですら皇子の没後一〇〇年以上後の史料である。そしてその時期には、すでに聖徳太子神話は流布している。厩戸皇子御製説を鵜呑みにするわけにはいかないのである。

御製説への疑問

まず『三経義疏』撰述に深く関係するとされてきた講経から見てみよう。旧来推古大王に対してなされた講経は、製疏の前提作業とされてきた。だが先述のように、皇子の講経は後の学問僧が行った類いの講義とは見なせない。厩戸皇子の置かれた環境を考えれば、そうした専門的水準の講経と考えるのは非現実的である。すなわち講経を前提として御製説を引き出すことはできない。それどころか同じ理由から『三経義疏』御製説は否定されねばならないのである。

『三経義疏』の解釈に目立って独自なものは見えないし、巧みな説明がなされているわけでもない。そのできばえは決して秀逸ではない。だが依拠している教学は、各々『勝鬘経義疏』は僧旻《みん》、『維摩経義疏』は智蔵《ちぞう》、『法華義疏』は法雲《ほううん》といった、いずれも梁《りよう》代の一流学匠のものである。他に引用されている学説もれっきとした中国学匠のものである。中国仏教界の水準に照らしても、専門注疏としての体裁はなしている。こうしたものを仏イコール「仏神」という理解が一般的な国で、在家の身で二〇年間修学しただけの皇子が撰述し得るだろうか。それは「僧のごと」き講経以上に非現実的とするしかあるまい。

さらに個々の注疏についても、皇子御製説を否定せざるを得ない理由がある。まず『勝鬘経義疏』は、藤枝晃氏による中国の『勝鬘経』注疏との比較研究によって、中国成立であることがほぼ確定している。発端は伝御製『勝鬘経義疏』とよく似た『勝鬘義疏本義』を敦煌《とんこう》写経中に発見したことである。氏はこの二疏を現存する五〜七世紀成立の『勝鬘経』注疏と並べて、文言や註釈法を比較した。そして二疏は同じ原『勝鬘義疏本義』を改修・節略した中国成立の兄弟系列本であるとの結論に達する。かくして伝御製『勝鬘経義疏』は、六世紀後半中国の成立とするに至ったのである。その後成立時期や所属学系について議論はあるものの、中国成立に関して根本的な批判は出ていない。まず『勝鬘経義疏』に関しては、厩戸皇子御製説は成立しないのである。

「三車家」と「四車家」

次に『法華義疏』だが、こちらは厩戸皇子の師慧慈《えじ》の教学との齟齬を指摘し得る。それは譬喩品《ひゆぼん》「長者《ちようじや》火《か》宅《たく》の比喩」の註釈にある。『法華経』には多くの比喩がでてくるが、この比喩のあらすじは次の通りである。

ある大長者の邸宅が火事になった。長者自身は無事外に逃げたが、子供達は遊びに夢中で出て来ようとしない。そこで長者は、外には欲しがっていた羊車・鹿車・牛車があると言って、子供達を誘い出すことに成功した。そして出て来た子供達には、等しく最上等の大白牛車を与えた。

仏は方便《ほうべん》をもって、すべての衆生《しゅじょう》を大乗《だいじょう》の教えへと導くことを例えた比喩である。このなかで「羊車」「鹿車」「牛車」はそれぞれ声聞乗《しょうもんじょう》・縁覚乗《えんがくじょう》・菩薩乗《ぼさつじょう》を指しており、「大白牛車」は一仏乗《いちぶつじょう》を指す。

ここで宗派によって解釈が異なるのが、菩薩乗を指す「牛車」と実際に与えられた「大白牛車」との同異である。天台《てんだい》宗・華厳《けごん》宗では両者を別と見て、経文に登場する車の数を「四車」と数える。こうした解釈に立つのが「四車家《ししゃけ》」である。一方両者を同じと見て車の数を「三車」と数えるのが「三車家《さんしゃけ》」である。こちらは三論《さんろん》宗・法相《ほっそう》宗の解釈である。この車数決の解釈は宗派・学派ごとに明確に分かれており、内部で異説が出ることはない。

そこで『法華義疏』の譬喩品釈を見るに、「四車家」の解釈である。これは主たる依拠テキストであった法雲『法華義記』と同じである。『三国仏法伝通縁起《さんごくぶっぽうでんずうえんぎ》』に

聖徳太子、三経疏を作るに、成実論を以て法相《ほうそう》門とし、光宅《こうたく》（法雲のこと）の義に依りて、以て義門を立つ。　（『三国仏法伝通縁起』巻中）

とあるが、少なくとも『法華義疏』の内容説明としてはその通りである。『法華義疏』は法雲の属する成実学派に準拠して「四車家」の解釈を取っているのである。

慧慈と『法華義疏』

一方慧慈の学系について『三国仏法伝通縁起』は、慧観《えかん》・慧聡《えそう》・観勒《かんろく》と並べて「三論宗法輪の匠」にして「成実に通ず」としている。これが正しいとすれば、慧慈は成実教学併修の三論宗僧だったことになる。ただこの記述については石井公成氏の指摘がある。氏は高句麗仏教において成実教学の比重が大きいことを明らかにしたうえで、記述をそのまま信じて彼等を三論宗僧と断ずる危険性を指摘している（「朝鮮仏教における三論教学」）。

氏の指摘は妥当であろう。ただ氏自信も述べているように、いくら比重が大きかったといっても成実教学は本質的に基礎学である。成実教学のみで完結した専修学僧とか成実教学を柱とした兼修学僧は考えにくい。そして当時高句麗が新三論学派の祖僧朗や同派教学大成者吉蔵の弟子慧灌を産む三論教学全盛期に当たっていたこと、また後の南都教学で成実教学は三論教学の基礎学となることを考慮すれば、慧慈の本筋は吉蔵系三論教学と見るのが自然である。慧慈に関しては、『三国仏法伝通縁起』の記述は当たっていると考えられるのである。

だとすれば車数決では「三車家」になる。慧慈は『法華義疏』とは異なる車数決を採っていたわけである。ちなみに『三国仏法伝通縁起』は、厩戸皇子のもう一人の師と伝える百済の慧聡も同じ学系としていた。記述自体には批判的な石井氏だが、一方で百済三論教学については吉蔵教学の強い影響を推測している。慧聡が同系統の三論学僧だった可能性は十分ある。もしそうなら皇子の二人の師は共に、『法華義疏』とは異なる車数決を支持していたわけである。

そこで話を戻すと、宗派・学派内で車数決の不一致はないのだから、まず慧慈・慧聡は『法華義疏』の著者たり得ない。そして厩戸皇子御製だとすると、皇子はあえて師と異なる車数決を採用したことになる。これもどう考えても無理がある。前節で見た皇子の環境条件ばかりでなく註釈内容からしても、『法華義疏』は皇子御製ではあり得ないのである。

そして厩戸皇子と同時代に、こうした注疏を撰述し得る倭人は他に存在しない。また当時の倭国在住朝鮮僧で、慧慈や慧聡と異なる学派の学僧も見当たらない。さらに時代が下ると、倭国仏教の主流は隋唐の新仏教へと移ってしまい、『法華義疏』のような六朝仏教流の注疏は不必要となる。結局これも倭国で製されたとは考えられず、中国撰述としか見なせないのである。おそらく『勝鬘経義疏』同様六世紀後半、ないしは袴谷憲昭氏の言うように（「『維摩経義疏』と三論宗」）吉蔵没（六二三）後に成立したものであろう。

残るのは『維摩経義疏』である。本疏については、学説引用形式の相違や外典《げてん》引用があることなど、他二疏と異なる特色も指摘されてきた。ただ依拠学派や学説の引用傾向といった経典注疏の基本要件では、他疏と一致している。本疏の分析から三疏の教学傾向を吉蔵没後のものとした先の袴谷氏の研究などもある。『維摩経義疏』だけ切り離して、倭国成立とか厩戸皇子御製とか解するのは困難である。本疏も他二疏と同様の成立と見なすべきであろう。

おそらく三疏は、成立してまもなく倭国にもたらされたと考えられる。慧慈の教える成実教学のテキストとして皇子の周辺に置かれたか、皇子没後に生前学んだ教学と同系列の注疏として斑鳩寺（法隆寺）に収蔵されたのであろう。それが、「聖徳太子」神話の形成期に、寺側の働きかけなどによって、皇子の遺品として注目されるようになる。そうした所に、御製『三経義疏』という神話が成長していったのである。

厩戸皇子の仏教

『三経義疏《ぎしょ》』御製《ぎょせい》神話形成の素地は、さかのぼれば慧慈《えじ》から皇子が受学した教学にあった。二人の師弟関係はそうした神話が作られるほど親しかったのであろう。それが推古《すいこ》大王二三年（六一五）慧慈が帰国する。皇子は親しく教えを請う師を失うのである。そして以後推古大王三〇年（六二二）に没するまで、皇子の仏教行《ぎょう》業《ごう》を記す記事は見えていない。没後の回想で触れられるまで、荒唐無稽な神話以外の行業は見えなくなるのである。

「諸悪莫作」

その回想で言及されている事柄は二つある。どちらも生前口にしていた偈頌《げじゅ》に関するものである。まず一つは『日本書紀』舒明《じょめい》天皇即位前紀の山背大兄《やましろのおおえ》皇子の発言に見えている。推古大王の後継者選定を巡る対立のなかで、境部臣摩理勢《さかいべのおみまりせ》が蘇我蝦夷《そがのえみし》に背いて山背大兄皇子を押そうとするのを諭して、皇子は次のように述べる。

また先王（厩戸《うまやど》皇子）臨没《うせたまわんとせ》しときに、諸子等にかたりて曰いしく、「諸《もろもろ》の悪をな作《せ》そ。諸の善を奉行《おこな》え。」われこの言を承りて、永き戒とす。ここを以て、私の情有りというとも、忍びて怨むることなし。（『日本書紀』巻二三）

この「諸の悪をな作《せ》そ」の偈頌は、『法句《ほく》経』『増一阿含《ぞういちあごん》経』『涅槃《ねはん》経』などに見える「七仏通戒偈《しちぶつつうかいげ》」の一節である。全文は以下の通り。

諸の悪をな作《せ》そ。　諸の善を奉行《おこな》え。
みずからその意を清めよ。　これ諸仏の教えなり。

仏教の命ずるところのエッセンスといった内容のものである。特別高度な教理が提示されているわけではないが、何より分かりやすく覚えやすいのでポピュラーな偈頌である。中国・朝鮮仏教界でも、仏の教えを集約した偈頌として早くから流布していたらしい。したがって推古朝ごろまでには、仏教に接していた倭人の間で知られていたと考えられる。学僧慧慈に就いていた厩戸皇子は、当然知っていたであろう。また臨終《りんじゅう》に伝えられたという山背大兄皇子も、初めて聞いたのではなくすでに知っていた偈頌と考えられる。厩戸皇子は倭国の仏教者にも身近な偈文のなかから、この偈頌を選んだのである。

そして宗派的色彩もなく世俗道徳とも乖離しないその内容は、これまで見た皇子の仏教と違和感なく調和する。『憲法十七条』に現れていた皇子の仏教は、世俗的理解の仏教であった。「七仏通戒偈」は、そうした人物の遺言としてふさわしい偈頌である。『日本書紀』の記事は信用してよいと考える。

「唯仏是真」

もう一つの偈頌は『天寿国繡帳銘《てんじゅこくしゅうちょうめい》』に発願者《ほつがんしゃ》　橘《たちばなの》　大女郎《おおいらつめ》の回想のなかで言及されている。

我が大王の告《の》りたまえらく、「世間は虚《うつ》り仮《か》りにして、唯だ仏のみこれ真ぞ」と。その法を玩《もてあそ》び味《あじわ》うに、我が大王は、天寿国の中に生まれたもうべしとおもえり。
（『上宮聖徳法王帝説《じょうぐうしょうとくほうおうていせつ》』『天寿国曼荼羅《まんだら》繡帳《しゅうちょう》縁起《えんぎ》勘点文《かんてんぶん》』）

この「世間は虚り仮りにして、唯だ仏のみこれ真ぞ」の偈頌は、現存経文中に一致するものがない。このためややもすると厩戸皇子の「空」「中道」「諸法実相」といった教学的仏教理解の表現とまで深読みされてきた。だが現実の皇子の仏教がそうした次元のものでないことは、すでに明らかにした通りである。そして「飛鳥仏教史の課題」の章でも触れた『六度集経《ろくどじっ》』には、偈頌と似た文章が散見されるのである。

世の足ることなきをみて、唯だ道を得て、すなわち止むのみ。

（『六度集経』巻四、弥蘭《みらん》王本生）

世をみて親しむことなく、唯だ道をのみ宗とすべし。

（同巻六、鸚鵡《おうむ》王本生）

衆聖の書のなかにして、唯だ仏の教えのみ真なり。

（同巻六、童子本生）

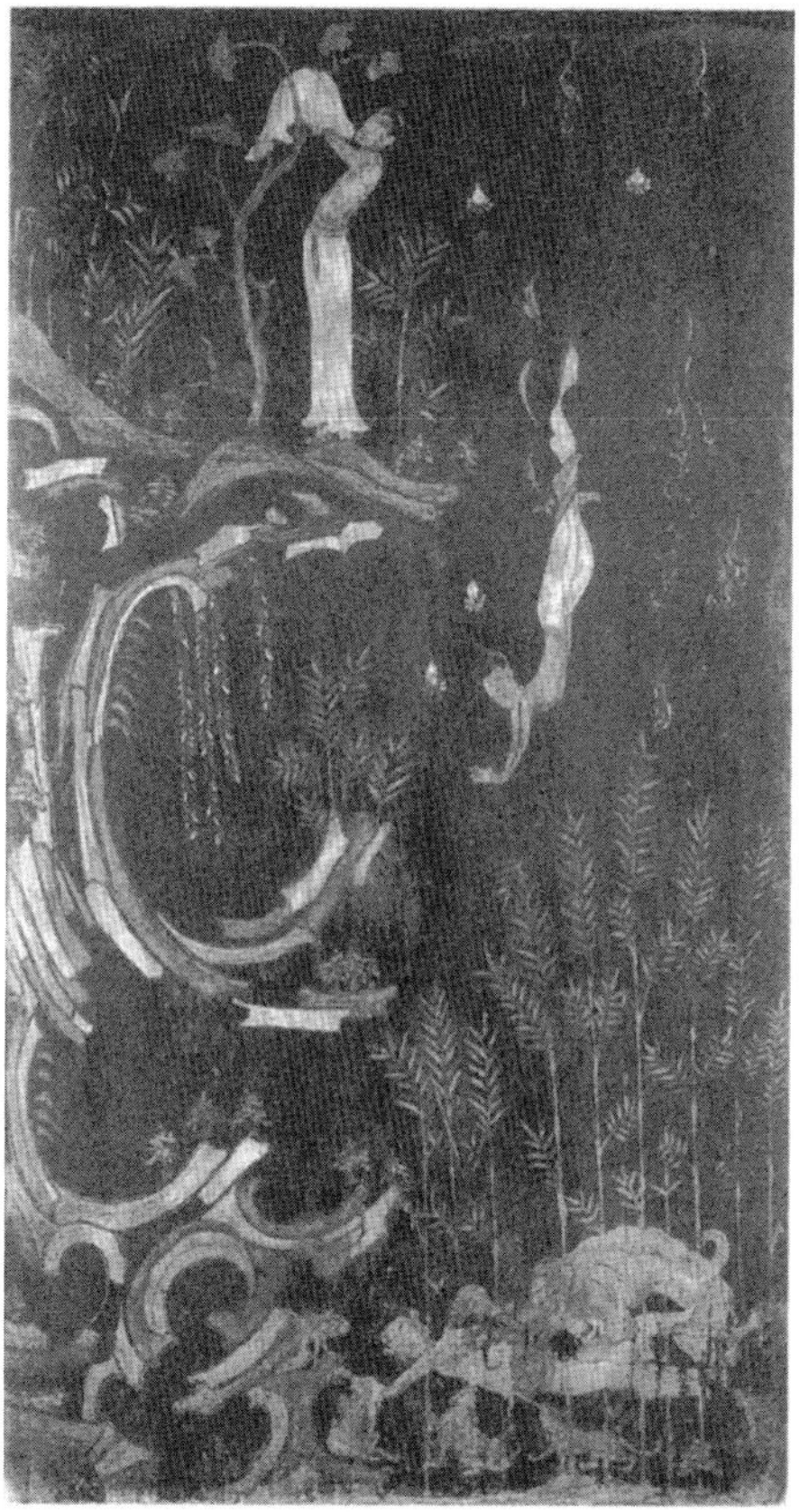

図12　『玉虫厨子』捨身飼虎図
（法隆寺所蔵）

三界はみな空なり。それ有なるはことごとく無なり。万物は幻のごとし。一に生じ一に滅して、なお水泡のごとし。（同巻六、童子本生）

一字一句対応するわけではないが、趣旨や語句はよく似通っている。『六度集経』は三国時代という古い訳出であるから、時期的にすでに倭国にきていた可能性は高い。さらに内容からしても、釈迦仏《しゃかぶつ》の前世物語である本生譚《ほんじょうたん》を集めたもので教理を知らなくても読みやすい。仏教後進国に適した経典なのである。倭国仏教にも適合する経典として将来されていた可能性は十分ある。厩戸皇子が読んでいたとしても、少しも不自然ではないのである。

また皇子創建の法隆寺に残る玉虫厨子《たまむしのずし》台座側面には、捨身飼虎図《しゃしんしこず》・施身聞偈図《せしんもんげず》といった本生譚の場面が描かれている。皇子の信仰に直結する証拠ではないが、皇子ゆかりの寺における本生譚への関心は注目してよい。

これらからするに、『六度集経』に親しんでいた皇子が、経文のエッセンスとして慧慈から教授された、ないしはその指導を受けつつ集約した偈頌が「世間は虚り仮りにして、唯だ仏のみこれ真ぞ」だったと考えられる。そしてこの偈頌が皇子の心になじんでいた故に折に触れて口誦され、橘大女郎の記憶に残ったのである。だとするとこの偈頌は、厩戸皇子晩年の心境を表象していることになる。それはいかなるものなのだろうか。

厩戸皇子の境地

この偈頌から受ける印象は、厭世《えんせい》感・孤独感であろう。「世間」を「虚」「仮」と否定的に位置付け「仏」を「真」と対比的に肯定しているのだから、単純な世俗肯定でないことは確かである。では皇子は、出家比丘《びく》のような現世否定の境地に至ったのだろうか。

これまで見てきた皇子の仏教理解からするに、その可能性は低い。『憲法十七条』を分析した際に述べたように、厩戸皇子は仏教の現世否定的本質を理解していない。だからこそ官人心得に仏教の教えを援用しようなどと考えられるのである。理解していたら、まったく異なる次元に属する官人道徳と仏教を連結する発想は浮かばない。

橘大女郎が皇子と結婚したのがいつかは不明である。だが皇子在世時の愛唱偈頌としているのだから、没するまぎわになって口ずさみ始めたわけではあるまい。そして慧慈の指導なしに偈頌に親しむことは考え難いから、慧慈の帰国以後はありえない。だとすると『憲法十七条』作製当時すでに口ずさんでいたか、ないしはその後一〇年以内の間に自らのものとしたかであろう。

『憲法十七条』当時からの愛唱偈頌ならば、その理解が現世否定とはほど遠いことはすでに述べた通りである。また以後一〇年以内に愛唱するようになった偈頌だとしても、それだけの期間で世俗的理解を払拭したと見るのは非現実的である。記録に残る行状を見ても、現世否定に大きく傾いたことを窺わせるものはない。推古大王への講経は、積極的な布教意思こそ窺われても厭世的姿勢は微塵も見出だせない。飛鳥《あすか》から離れた斑鳩《いかるが》に法隆寺を営んだことも、飛鳥では既存諸祭祀がすでに飽和状態にあったという現実的理由による。飛鳥が蘇我《そが》氏の「世間」的仏教の地だから避けて、「真」の「仏」信仰の地を求めて斑鳩に至ったわけではないのである。

厩戸皇子の寂寥

だとすると「世間は虚り仮りにして」の偈頌は、厩戸皇子にとってどのような意味を持つものだったのだろうか。おそらくそれは、慧慈が去った後の皇子の心情を表すものだったと考えられる。慧慈帰国の後、皇子が仏教について親しく語る相手はいなくなる。この状況を踏まえて偈頌を読み直してみよう。

慧慈を「仏」に重ねてみると、「唯だ仏のみこれ真ぞ」とは、改めて痛感したであろう慧慈の存在感と重なる表現である。そして「世間は虚り仮りにして」とは、独りになった皇子の寂寥《せきりょう》感と重なるのである。つまりこの偈頌から受ける厭世感・孤独感は、仏教の出世間的現世否定に由来するものではない。皇子の世俗的な心情がかたちを変えて表出したものなのである。言い換えれば皇子は、そうした心情に最もかなうものとしてこの偈頌を愛唱したのである。

そしてこの現世における厭世感・孤独感の裏返しに、来世で希求されたのが「天寿国」だったと考えられる。こうした世俗的心情の延長上に願望された「天寿国」であるから、教理的な背景を探っても無駄であろう。つまり「天寿国」が意味する具体的浄土や天を追究することは意味がないと考える。

皇子がいくつかの浄土や天について知っていた可能性はある。だがこれまで見た理解水準からして、正確な知識をともなっていたかは疑わしい。また師慧慈の学系たる三論《さんろん》宗や成実《じょうじつ》宗は特別な往生思想を帯びていない。よって慧慈から個別の浄土信仰や生天《しょうてん》信仰が植え付けられた可能性も低い。結局「天寿国」とは、具体的イメージも典拠もともなわないまま想像された理想的来世だったと考えられる。人界より高次で仏に近い幸福な来世世界といった所が、内容のすべてであったと考えられるのである。

厩戸皇子の仏教

厩戸皇子が自らのものとした仏教は、現世否定の出世間仏教でも形而上学的な教学仏教でもなかった。また当時の倭国仏教の水準では、そんな仏教に至ることは不可能である。皇子の至った仏教とは、『憲法十七条』制定当時から変わらない世俗的理解の仏教だった。周囲の「仏神」信仰よりは高い水準とはいえ、仏教の出世間的本質には至り得ていなかった。『憲法十七条』で志向されていた大乗《だいじょう》菩薩道《ぼさつどう》は、本来心を出世間に置いたうえで敢えて世間に出て衆生《しゅじょう》を救うものである。だが皇子の理解した「菩薩道」は、ただ単に世間で衆生を救う道だった。したがって彼の実践は、世俗道徳の実践からさして出るものではなかった。また心的境地も、世俗的な善良さと同次元にとどまったのである。そして皇子の信仰がこうした既成道徳と矛盾しないものだったから、その遺言も遺族たちに素直に継受されたのである。

厩戸皇子の仏教は、当時の倭国氏族社会においては先進的なものであった。だがその先進性は、後述する大化改新から天武《てんむ》・持統《じとう》朝の仏教に連なる性格のものではなかった。彼の仏教は、基本的に「公伝」以来の蘇我氏の仏教と同世代のそれなのである。先進的という意味は、同時代の「仏神」信仰よりは格段に正確な理解という程度のものである。根本的誤解もあったし、決して如法《にょほう》な理解ではなかった。本質的には蘇我氏の仏教と次元を異にしていたわけではない。仏教者としての皇子を総括するならば、「仏神」信仰レベルの仏教信仰が常識の時代に、周囲と比較して抜きん出た理解を持っていた篤信の在家信者というところであろう。そもそも学僧イメージと重なるような人物ではなかったのである。

そして皇子のそれを含む彼の時代の仏教（飛鳥仏教）は、次代に連続しなかった。後継者を得ないまま、新たな仏教に取って代わられるのである。上宮王家の早期滅亡もあって皇子個人の記憶が急速に薄れるなか、彼の仏教についても速やかに忘却されていった。こうしたことが、現実の皇子からかけ離れた神話を増殖させる好適な条件として働いたのである。

新時代の予感

厩戸皇子の没後、倭国仏教は量的拡大の時期から内容充実と制度的整備の時期へと入っていく。馬子は以後四年の余命を保つが、もはや表立って仏教を主導することはしていない。新たな局面の仏教を主導したのは推古大王であった。倭国仏教の担い手は、蘇我氏から大王家へと移り始めていたのである。

それを象徴しているのが、先にも触れた僧侶の傷害事件を巡る動向である。蘇我氏はこの事件に対しても、推古大王の厳しい措置に対してもまったく反応していない。蘇我氏の関心は、「公伝」以来もっぱら寺・僧尼・祭祀といった祈禱装置の整備拡充に向けられてきた。国家システムの一部として仏教をどう定置するかという発想はなかったように思われる。それゆえ善信尼らが戒法を学んで帰国しても、僧侶を再生産して倭国仏教の基礎を固めるという方向には向かわない。相変わらず「蕃神」信仰のニーズを受けて、尼の出家を優先させたりしたのである。

だが『日本書紀』によれば寺四六所・僧尼一三八五人という規模に膨張していた倭国仏教は、質の確保を問われる時期を迎えていた。一方永らく旧来型の仏教振興を担ってきた蘇我氏には、そうした状況に対応する用意ができていなかった。対応したのは、現状に批判的であるが故に何が欠けているかを嗅ぎ分けていた推古大王だったのである。

奈良仏教への道

大王の仏教改革

推古大王の改革

推古《すいこ》大王三二年（六二四）、僧侶による傷害事件に激怒した推古大王が断行しようとした仏教界粛正は、観勒《かんろく》の弁明で回避された。代わりに大王が命じたのは、僧尼や寺々を監督する機関の創設と現状の総点検であった。

詔して曰わく、「それ道人も、なお法を犯す。何を以てか俗人をおしえむ。故、今より已後《のち》、僧正《そうじょう》・僧都《そうず》を任《め》して、なお僧尼を検校《かんが》うべし。」

（『日本書紀』巻二二、推古天皇三二年四月一三日条）

観勒僧を以て僧正とす。鞍部徳積を以て僧都とす。即日、阿曇連《あずみのむらじ》を以て法頭《ほうず》とす。

（同一七日条）

寺および僧尼を校《かんが》えて、つぶさにその寺の造れる縁、また僧尼の入道《おこな》う縁、および度せる年月日を録す。この時に当りて、寺四十六所、僧八百十六人、尼五百六十九人、併せて一千三百八十五人有り。（同九月三日条）

旧来倭国仏教を主導してきたのは蘇我《そが》氏である。だがその主導という意味は、もっぱら振興を主導することであった。内容の点検・管理を担う者はいなかった。仏教界は野放し状態だったのである。結果その実情は如法《にょほう》とは程遠いものとなっていた。これに危機感を抱いていたのが推古大王である。前章で見たように大王は、仏教の教えや信仰自体には好意的であった。だがそれだけに実情との落差には厳しい見方をしていた。また大王は在来祭祀の長という立場も強く意識していた。在来祭祀と並立させていくためにも、倭国仏教は健全な姿でなければならなかったのである。

ただ即位以来仏教振興を牽引したのは最有力者馬子《うまこ》であるし、大王家のなかでも同じ路線を歩む厩戸《うまやど》皇子が先行していた。彼らが健在なうちは、ブレーキをかける方向の提言はしにくかったであろう。その厩戸皇子は亡くなり、馬子も老いていた。推古大王は自らの施策を推進できる立場となっていたのである。そこで彼女にとって永らくの懸案事項であった仏教界の管理統制を一気に実施したのが、この施策だったのである。

これに蘇我氏はまったく対応できなかった。仏教界の頽廃《たいはい》は顕在化していた。ひたすら寺を創建し僧尼を増やしていくという旧来型の仏教政策は曲がり角にきていたのである。さらなる仏教振興にこうした管理・統制が必要なことは、誰の目にも明らかとなっていた。自身仏教振興の推進役であった馬子も、反対できる状況ではなくなっていたのである。ただ倭国仏教に全体的管理・統制という要素が導入されたのは、この時が初めてである。こうした振興策は、蘇我氏が伝統的に進めてきたそれとは明らかに方向が異なる。旧来型の回路しか持たなかった蘇我氏は、対応することができなかった。馬子・蝦夷《えみし》は意見することもできず、傍観するしかなかったのである。

蘇我氏仏教の落日

こうしたなかで推古大王三四年（六二六）、旧来の飛鳥《あすか》仏教を先頭に立って推進して来た蘇我馬子が没する。『日本書紀』は次のように記している。

大臣薨《う》せぬ。よりて桃原墓《ももはらのはか》に葬る。大臣は稲目宿禰《いなめのすくね》の子なり。ひととなり武略有りて、また弁才有り。以て三宝《さんぼう》を恭《つつ》しみ敬いて、飛鳥河の傍に家《いえい》せり。（下略）

（『日本書紀』巻二二、推古天皇三四年五月二〇日条）

記事はきわめて簡潔である。馬子の存在感の希薄化を反映したものであろう。仏教についても「以て三宝を恭しみ敬いて」と記すのみで、かつての貢献にはまったく触れられていいない。馬子が主導した飛鳥仏教は、次代の仏教に座を譲りつつあった。馬子の仏教貢献が次にそして最後に顕彰されるのは大化改新後のことである。それは大王が蘇我氏に変わって仏教興隆を担うと宣言した詔のなかにおいてであった。皮肉なことに馬子の功績は一族が消滅した後に、滅ぼした大王家の思惑から脚光を浴びるのである。

　改新以後大王家による一元的仏教管理は明確化する。だが二〇年前のこの時点でも、大王による管理・統制という方向はすでに明示されていた。晩年の馬子が、仏教における蘇我氏の役割の終焉を認識していたかは疑問である。だが彼の認識に関係なく、蘇我氏が仏教政策から疎外される動きは始まっていたのである。

中国留学僧の進出

　推古朝末年に始まる仏教界如法化を、現場で担う役割を期待されたのは、中国から帰国した留学僧である。それがよく窺われるのが、六四五年の大化改新直後の「仏法興隆詔」で「十師《じっし》」に任じた僧侶の陣容である。「仏法興隆詔」については後述する。まず「十師」とは、大化改新後の大王主導の仏教において、「よく衆の僧を教え導きて、釈教を修行すること、かならず法の如くならしめ」（『日本書紀』巻二五、大化元年八月八日条）る監督指導僧である。そこで名前が挙がっている福《ふく》亮《りょう》・恵雲《えうん》・常安《じょうあん》・霊運《りょううん》・恵至《えし》・僧旻《そうみん》・道登《どうとう》・恵隣《えりん》・恵妙《えみょう》は、中国出身の福亮も含めてみな倭国から中国留学して帰国した僧侶で占められている。留学僧への依存度が窺えよう。朝鮮仏教や朝鮮僧が倭国仏教の牽引役から降りたわけではない。推古大王三二年（六二四）に置かれた僧正に任じたのは百済《くだら》僧観勒であるし、それを継いだのも高句麗《こうくり》僧慧灌である。その慧灌は、三論宗《さんろん》開祖吉蔵《きちぞう》に直接学んで、「南都六宗」の中核となる三論教学を根付かせる活躍もしている。

ただ例えばこの三論教学にしても、厩戸皇子の時代の慧慈や慧聡《えそう》も伝えていたはずである。だが厩戸皇子の時代には広まらなかった。それが推古朝末年以降には根付くようになったわけである。この変化は倭人留学僧なしには考えられない。まずこの時期の倭人留学僧記事から追ってみよう。皮切りは、推古大王三一年の次の記事である。

大唐の学問者僧恵斉《えさい》・恵光《えこう》および医《くすし》恵日《えにち》・福因《ふくいん》等、ならびに智洗爾《ちせんに》等に従いて来《もうく》。ここに恵日等、共に奏聞して曰さく、「唐国に留る学者、みな学いて業を成しつ。喚《め》すべし。またかの大唐国は、法式備り定れる珍《たから》の国なり。常にかようべし。」

（『日本書紀』巻二二、推古天皇三一年七月条）

この時期から、ここに見える恵斉・恵光をはじめ、舒明《じょめい》大王四年（六三二）には僧旻《みん》・霊雲《りょううん》、同一一年には恵隠《えおん》・恵雲《えうん》、同一二年には南淵請安《みなぶちのじょうあん》が帰国する。遣隋使で派遣された留学僧が続々帰国し始めるのである。

倭人僧尼の育成

如法仏教を学んで帰国したという点では、彼らの立場はかつての善信《ぜんしん》尼《のあま》らと似ていたが、本国の状況には雲泥の差があった。善信尼の帰国は「仏神」信仰一辺倒の時期のこととて、彼女らの学んだ「戒法」は理解も受容もされなかった。一方恵斉・恵光の帰国は、推古大王の仏教界改革の気運が高まっていた時期である。留学僧への期待は、比較にならないほど大きくなっていた。そこに恵日らの奏上を受けて、期待はさらに膨らんだであろう。推古大王三二年の改革は、こうした留学僧への期待に裏打ちされていた。当然彼らの学んだ本場の祭祀・教義・教学・制度は積極的に移植される。かくして倭国仏教界の如法化が進められ、倭人僧尼の質も向上していったのである。

また先の「十師」の経歴を調べると、国内で慧灌に三論教学を学んだ者が多く見える。慧灌は学生に三論教学の手ほどきをした上で、中国留学に送り出していたのである。あらかじめ三論教学の基礎を教えた上で、本場での本格的修得という明確な目的を持たせて留学させるのである。留学僧が一人前の三論学僧に育って帰国する確率は高かったであろう。かくして慧灌の時代には、慧慈や厩戸皇子の時代と異って、教学を受容し伝えて行く倭人

図13　吉備池廃寺全景

学僧が育っていた。この倭人学僧が、慧灌の三論教学を受容する土壌を形成したのである。

こうした人材育成は、多少なりとも他の教学でも見られた現象と考えられる。そしてそこで形成された倭人学僧階層が、大化改新前後の倭国仏教界を担うことになる。厩戸皇子没後の倭国仏教は、担い手層においても大きく変化し始めていたのである。

大王家の仏教

さらにもう一つの変化も見え始める。それは管理・統制ばかりでなく仏教祭祀についても、大王自らが主導する体制である。それは舒明大王一一年（六三九）の百済大寺《くだらのだいじ》創建という形で顕在化する。

詔して曰わく、「今年、大宮および大寺

を造作《つく》らしむ。」すなわち百済川の側《ほとり》を以て、宮処とす。ここを以て、西の民は宮を造り、東の民は寺を作る。

(『日本書紀』巻二三、舒明天皇一一年七月条)

在来祭祀を束ねる大王が、ついに自らの寺を創建したのである。現在の吉備池廃寺《きびいけはいじ》がその遺構とされているが、遺構から窺われるその規模は大王の寺にふさわしい壮大なものである。また東国の民を動員したという造営過程も、大王家の全国的権威と直結したこの寺の性格を語っている。そして百済大寺には、さらに大王家の積極的な肩入れがなされていくのである。

『大安寺《だいあんじ》伽藍《がらん》縁起《えんぎ》幷《ならびに》流記《るき》資財帳《しざいちょう》』によれば、創建初年のうちに九重塔が建立される。いったん火災に遭ったものの二年後には、舒明大王の皇后から即位した皇極《こうぎょく》大王によって再度造立がなされている。さらに改新後の「仏法興隆詔」では、別格扱いを示唆する次のような記述が見えている。

(十師とは)別に恵妙《えみょう》法師を以て、百済寺の寺主にす。

(『日本書紀』巻二五、大化元年八月八日条)

仏教界全体を教導する「十師」任命と並べて、百済大寺の寺主任命を特記しているのだから、本寺を諸寺の頂点に置こうとする意思は明白である。

こうした姿勢の背景に、皇帝が集権的に統括する隋の国家仏教を体験してきた留学僧の助言があったことは想像に難くない。ただ倭国仏教は、まだ氏族枠を超えた国家仏教を導入する段階にはなかった。百済大寺に託された諸寺の頂点という位置付けも、倭国全体を公的に覆う存在ということではない。百済大寺の後身である「大官大寺」の訓は「おおきつかさのてら」である。「おおきつかさ」とは天皇のことであるから、「大官大寺」は天皇家の私寺なのである。したがって当初の百済大寺も、大王家の氏寺という性格の寺だったと考えられる。すなわち本寺の創建そして肩入れは、大王家の氏寺を諸氏族の氏寺の頂点に位置せしめようとする施策だったのである。

したがって百済大寺の創建は、蘇我氏の飛鳥寺を頂点とした秩序ができあがっていた氏族仏教祭祀に、大王家の仏教祭祀が横から割り込んだことも意味していた。推古大王による僧尼の管理・統制から始まった大王家の主導権奪取の動きは、仏教祭祀にまで及び始めていたのである。

蘇我氏の対応

僧尼の管理・統制はともかく、仏教祭祀はもっぱら蘇我氏が主導してきたところである。大王家の動きは、蘇我氏の既得権の重大な侵害のように思われる。にもかかわらず蘇我氏一族が不満や不安を覚えていた様子が見えないのはなぜだろうか。それは百済大寺の創建によっても飛鳥寺の権威が揺らがなかったためと考えられる。

飛鳥仏教において本寺が蘇我氏の氏寺にとどまらない特別な権威と機能を持っていたことは、これまで見てきたところで理解されよう。そしてそれらは百済大寺創建どころか大化改新後も失墜していないのである。改新直後の「仏法興隆詔」は、飛鳥寺に僧尼を集めて発せられている（一説に百済大寺）。また以後も永らくその権威が保たれていたことは、天武《てんむ》天皇九年（六八〇）の次の勅からも明らかである。

おおよそ諸寺は、今より以後、国の大寺たるもの二つ三つを除きて、以外は官司治むることなかれ。（中略）またおもうに、飛鳥寺は司《つかさ》の治《おさめ》に関るべからじ。然ももとより大寺として、官司つねに治めき。またかつて有功《たすか》れたり。ここを以て、なおし官治むる例に入れよ。

（『日本書紀』巻二九、天武天皇九年四月是日条）

蘇我氏滅亡から三〇年以上へても、また蘇我氏の氏寺というルーツを十分意識されながらも、飛鳥寺は国を代表する大寺の一つとされているのである。ここから考えるに大化改新後も百済大寺創建直後も、飛鳥寺の地位は低下しなかった。最高の権威を保持し続けていたのである。

蘇我蝦夷や入鹿《いるか》が、飛鳥寺と百済大寺が併存する将来の仏教祭祀をどのように思い描いていたかは分からない。ただ飛鳥寺の権威が動揺しない以上、当面へゲモニー低下を危惧させる要因は見当たらない。加えて皇極朝に入ると、入鹿に紫冠を授けたり上宮王家を滅ぼすなど、政権掌握を目指した直接行動が目立つようになる。蘇我氏の関心はしだいに政権掌握に集中してきており、仏教に注目する状況でもなかった。大王家の積極的進出とは対照的に、蘇我氏の仏教に対する姿勢は守旧的であった。そして蘇我氏が気付かない内に、倭国仏教は大きく変わっていたのである。

国家仏教への道

改新政権と蘇我氏仏教

こうしたなかの大化《たいか》元年（六四五）蘇我《そが》本宗家は滅亡、飛鳥《あすか》仏教は終焉を迎えた。敵役となった蘇我氏の事績は、当然否定的評価を受けるはずだったろう。だが仏教に関しては、蘇我氏関係の祭祀・施設・僧尼は現実に大きなウェイトを占めていた。また「公伝」以来のその実績は、否定しさるにはあまりに大きかった。さらに改新クーデターに貢献した蘇我倉山田石川麻呂《そがのくらのやまだのいしかわまろ》の存在も無視できない。

こうした状況下で蘇我氏の仏教を全否定し、それに代わるものとして大王家の仏教を提示しても、諸氏族の賛同は得られない。中大兄《なかのおおえ》皇子と中臣鎌足《なかとみのかまたり》の新政権が採ったのは、政治勢力としての蘇我本宗家は否定しつつも、稲目《いなめ》以来蓄積された蘇我氏の仏教貢献は高く評価するという方法だった。改新直後の「仏法興隆詔」冒頭には、この姿勢が明白に現れている。

磯城嶋宮御宇《しきしまのみやにあめのしたしろしめす》天皇の十三年の中に、百済《くだら》の明《めい》王、仏法を我が大倭《みかど》に伝え奉る。この時に群臣、ともに伝えまく欲せず。しかるを蘇我稲目宿禰、ひとりその法を信《う》けたり。天皇、すなわち稲目宿禰に詔して、その法を奉《あが》めしむ。

訳語田宮《おさたのみや》御宇天皇の世に、蘇我馬子宿禰、追いて考父の風を遵びて、なお能仁《ほとけ》（＝仏）の教をあがむ。しかして余臣は信けず。この典《のり》ほとんど亡びなんとす。天皇、馬子宿禰に詔して、その法を奉めしむ。

小墾田宮《おはりだのみや》御宇天皇の世に、馬子宿禰、天皇のおおみために、丈六の繡像・丈六の銅像を造る。仏教をあらわし揚げて、僧尼をつつしみ敬う。

朕、さらにまた正教《みのり》を崇《かた》ち、大きなる猷《のり》を光《てら》しひらかんことを思う。

（『日本書紀』巻二五、大化元年八月八日条）

「公伝」から現在に至る倭国仏教史を歴代の蘇我大臣の奉仏行為をもって要約し、今後は大王が役目を引継ぐと宣言しているわけである。すなわち現実に諸氏族が享受している蘇我氏仏教の恩恵は否定せず、蘇我氏が占めていた位置に大王家をはめ込んだのである。改新後の大王家は、仏教に関しては蘇我氏の後継者と自らを位置付けたのである。

新時代の仏教政策

だがすでに見たように厩戸《うまやど》皇子没後の現実の大王家の仏教は、旧来型の蘇我氏の仏教（＝飛鳥仏教）とは異質のものであり、大化改新後のそれも同じ路線上にある。そして大王の管理・統制下で中国留学僧に指導された僧尼が、大王が建立した寺において、大王の意向に従って仏教祭祀を行うというその基本形は、奈良時代の国家仏教へと連なるものである。国家仏教の輪郭が明確化するのは七世紀後半の天武《てんむ》・持統《じとう》朝のことである。だが推古朝末年から舒明《じょめい》・皇極《こうぎょく》朝の胎動期をへて、改新後の孝徳《こうとく》・斉明《さいめい》・天智《てんじ》朝には動きは始まっていたのである。

この時期特に推進されたのは、遣隋使以来の中国仏教との交流である。まず留学僧の派遣が際立って頻繁となる。大化四年（六四八）には「三韓に、学問僧を遣す」（『日本書紀』巻二五、大化四年二月一日条）とあり、細かった朝鮮仏教との人的交流が広がったことが推測される。また白雉《はくち》四年（六五三）には、遣唐使船で道厳《どうごん》・道通《どうつう》・道光《どうこう》・恵施《えせ》・覚勝《かくしょう》・弁正《べんしょう》・恵照《えしょう》・僧忍《そうにん》・知聡《ちそう》・道昭《どうしょう》・定恵《じょうえ》・安達《あんだち》・道観《どうかん》といった大留学僧集団が入唐しているが、なかには道昭・定恵など奈良前期仏教を主導する僧侶が含まれていた（同白雉四年五月一二日条）。さらに斉明大王四年（六五八）にも、法相《ほっそう》教学第二伝となる智通《ちつう》・

智達《ちだつ》が入唐している（同斉明天皇四年七月是月条）。新羅《しらぎ》・唐との対立が先鋭化する斉明朝に一時流れは細くなるが、わずか一〇年のうちに名前の見えている留学僧だけでもかつてない数に上る。彼らは最盛期を迎えつつあった唐代仏教を、倭国そして日本に続々と流入させていったのである。

彼らがもたらしたものは多岐にわたるが、目につくのは経典およびそれと結び付いた法《ほう》会《え》そして教学である。テキストである経典などは、本来ならずっと早くから重用されるべきものである。だが内容を理解する者の少なかった推古朝ごろまでは、仏像や荘厳具など直接視覚にアピールする装置ほどには活躍の場がなかった。中国で正しい教理を学んだ留学僧の増加によって大化改新前後からようやく重要性が理解され、依用の機会も広がったのである。

経典の将来

そうした認識の高まりを象徴しているのが白雉二年（六五一）の倭国最初の一切《いっさい》経読経である。

味経宮《あじふのみや》に、二千一百余の僧尼を請《ま》せて、一切経を読ましむ。

（『日本書紀』巻二五、白雉二年一二月晦条）

この「一切経」が、中国の経録に見える七〇〇部以上の正式経典を揃えていたかは疑わしい。主要経典はある程度将来されていたであろうから、それらをかき集めて「一切経」と称したのであろう。また大化前代と違って二一〇〇名もの僧尼を集めているのは、経典の全体像を仏教界に周知させるのが目的だったからであろう。

これと同目的の行事と見られるのが、翌白雉三年から数年置きに行われた個別経典の講《こう》経《きょう》である。まず白雉三年には『無量寿経《むりょうじゅ》』講経が行われている。

沙門恵隠《えおん》を内裏に請《ま》せて、無量寿経を講《と》かしむ。沙門恵資《えし》を以て、論議者とす。沙門一千を以て、作聴衆《さちょうじゅ》とす。（『日本書紀』巻二五、白雉三年四月一五日条）

阿弥陀《あみだ》信仰や往生《おうじょう》信仰が流布していないこの時代に、なぜこの経典が選ばれたのかは分からない。ただ先の一切経会と同様千単位の僧侶を臨席させていることからして、これも重要経典の正しい知識を共有させる法会であろう。

斉明大王五年（六五九）には『盂蘭盆経《うらぼん》』講経である。

群臣に詔して、京内の諸寺に、盂蘭盆経を勧講《と》かしめて、七世の父母を報いしむ。（『日本書紀』巻二六、斉明天皇五年七月一五日条）

本経にもとづいて前世七世の父母を餓鬼道《がきどう》から救うために僧尼に飲食を布施《ふせ》する盂蘭盆会は、早くは推古大王一四年（六〇六）に見えている。倭国に旧来から存在した祖霊崇拝と結び付くかたちで、早くから受容されたのであろう。大化改新後も斉明大王三年（六五七）に見えている。ただ僧侶も含めこれら斎会《さいえ》参加者のほとんどは、典拠経典を知らなかったと考えられる。斉明五年の講経は、倭国社会に流布し始めた斎会の典拠経典を僧尼に認知させる目的で行われたのであろう。

そして翌年には、天武・持統朝以降護国経典の代表格として大いに流布する『仁王般若《にんのうはんにゃ》経』を講説する仁王般若会を行っている。この法会も経典を周知せしめる目的を持っていたであろう。ただ「一百の高座《こうざ》、一百の納袈裟《のうけさ》」（『日本書紀』巻二六、斉明天皇六年五月是月条）を用意するという後世のそれを先取りしたような次第《しだい》を見るに、すでに護国法会としての色彩が濃かったと考えられる。天武・持統朝以降に顕在化する国家仏教は、道筋ができはじめていたのである。

天武朝への助走

また教学についても、まず三論教学では慧灌の孫弟子智蔵《ちぞう》が第二伝をもたらしている。そして三論教学と並ぶ「南都六宗」の柱となる法相教学も、孝徳朝に道昭、次いで斉明朝に智通・智達が入唐《にっとう》将来している。こうした教学が日本仏教界で消化されて日本の「六宗」教学と呼べるものが成立するのは、まだ一世紀後、最澄《さいちょう》・空海《くうかい》が登場する奈良時代末期のことである。奈良時代はまだ中国仏教を吸収して追いつく努力が重ねられていた時代なのである。そしてその努力は、推古朝末年から始まっていたのである。

こうしたなか、一時的に脚光を浴びて後には消滅してしまう現象も見えている。例えば仏教で地上世界の中心に聳えるとされる須弥山《しゅみせん》を祭る祭祀である。初見は推古大王二〇年、百済からの渡来人が自身の新知識を示すために「須弥山の形」を「南庭」に造ったという記事（『日本書紀』巻二二、推古天皇二〇年是歳条）である。ただこの時の知識が、どの程度継承されたかは不明である。それが半世紀後の斉明朝になると、突然頻出するようになる。

須弥山の像を、飛鳥寺の西に作る。（『日本書紀』巻二六、斉明天皇三年七月一五日条）

甘檮丘《うまかしのおか》の東の川上に、須弥山を造りて、陸奥《みちのく》と越《こし》との蝦夷に饗《あえ》たもう。（同五年三月一七日条）

石上池《いそのかみのいけ》の辺に、須弥山を作る。高さ廟塔の如し。以て粛慎《みしはせ》四十七人に饗たもう。（同六年五月条）

斉明大王五年や六年の記事を見るに、辺境民に倭国の知識水準を示す宣伝工作に使われたようである。対外関係が緊張するなかで、彼らを倭国に取り込む必要からであろう。そしてこれ以降、ふたたび須弥山の記事は見えなくなる。きわめて限時的な現象だったようである。他にもこうした一時的な関心・信仰の高まりは存在したであろうが、史料には残っていない。国家仏教に向けての大きな流れの中に消えていったのであろう。

こうした準備期間をへて天武朝に入ると、この流れは俄然顕著となる。『日本書紀』で一気に増加する護国法会や制度創設の記事を見れば、新しい時代が到来したことは一目瞭然である。国号が「日本」と変わるのと相俟って、「仏神」信仰を柱とした氏族単位の倭国仏教は国家祭祀から姿を消す。国家仏教の顔を持つ日本仏教に座を譲るのである。ただ氏族単位の信仰・祭祀が消滅したわけではない。また「仏神」信仰が駆逐されたわけでもない。これらは豪族たちの生活に密着したところで、在地祭祀や神仏習合というかたちで生き続ける。国家レベルの仏教は、国家が主導して国家利益のために管理・運営していく国家仏教が主役となる。だが人々の生活の身近なところでは、日本初めての仏教のかたちであった「飛鳥仏教」が姿を変えて生き続けたのである。

あとがき

飛鳥《あすか》仏教に続く奈良仏教を担った「南都六宗《なんとりくしゅう》」について、通説では次のように説明している。すなわち「六宗」は、八世紀中ごろには中国本家教学を十分消化・吸収した教学宗派になっていた。最澄《さいちょう》・空海《くうかい》の平安新仏教は、教学レベルは高くても実践面が弱いこれら「六宗」のあり方に対するアンチテーゼだった。

だがここで八世紀後期の法相学匠《ほっそうがくしょう》明一《みょういち》の『金光明最勝王経註釈《こんこうみょうさいしょうおうきょう》』という注釈書を開いてみよう。驚いたことにその内容は、中国の慧沼《えしょう》『金光明最勝王経疏』のほとんど丸写しで、独自の解説などまったくない。「南都六宗」筆頭格の法相教学の現実は、中国と比べてレベルを云々できる状況ではなかったのである。詳しくはまた別の機会に述べるが、こうした奈良後期から平安初期の仏家の著作からするに、自立した「六宗」教学の成立は通説よりかなり下げねばならない。具体的には八世紀末から九世紀初頭の最澄・空海の登場前後に設定すべきものと考えている。

隋唐《ずいとう》の本格的教学が入ってくるのは、入唐留学僧《にっとうるがくそう》の帰国が活発化する七世紀後期のことである。したがって以前から移植の動きがあった三論《さんろん》教学はともかく、他の教学に関しては八世紀末まででも流入開始から一世紀しかない。それも教理基盤ができているところに導入されるなら消化・吸収も迅速であろうが、日本の状況は本書で見た通りである。資質ある僧尼《そうに》を集めて初歩から教育するところから始めねばならない日本仏教界で、そう簡単にことが運ぶわけもない。

二葉憲香氏によれば宗学僧の数は、奈良時代の東大寺《とうだいじ》で最大七〇名弱とされている。天武《てんむ》・持統《じとう》朝にはもっと少なかったであろうが、ほとんど白紙の状態の僧尼をごく少数の留学僧で教育するのである。「六宗」教学確立まで一世紀かかっても、決して不自然ではない。日本における教学の消化速度は、通説的理解よりずっと緩慢だったのである。

また推古《すいこ》大王が厳しく要求した持戒《じかい》も、容易に浸透しなかった。天平勝宝《てんぴょうしょうほう》六年（七五四）、奈良仏教界の懇請を受けて鑑真《がんじん》が来朝する。日本に如法戒律《にょほうかいりつ》が普及する条件は整ったわけである。だが受戒作法こそ継承されたものの、鑑真がもっとも力を入れていた戒律教育は早々に廃《すた》れてしまう。実践としての持戒もまったく定着せず、九世紀後半には受戒儀式でしばしばけんか騒ぎが起こる始末となっていた。日本仏教で推古大王の悲願が実現する日は、訪れなかったのである。

すなわち日本仏教界における仏教受容は、決して速やかに進んだわけではなかった。それどころか最後まで受容されなかった領域すら存在したのである。そして忘れてならないのは、こうした教学や戒律の先進的領域を担ったのは、仏教界でもごく少数の知的エリートであったことである。ほとんどの日本人の仏教信仰は、教学はもちろん戒律知識においてもこうした先進的レベルとは何の関係もないところで生きていた。そうした信仰に共通する様態が神仏習合《しんぶつしゅうごう》である。

在来神と仏とを一体視する神仏習合は、平安時代に始まったとされる。これが日本人の信仰にきわめて適合していたことは、以後の日本宗教史をたどってみれば明らかである。だがこうした神仏一体の仏教理解は、神仏習合から始まるのだろうか。

本書でいくどとなく触れたように、倭人《わじん》社会で仏は「大唐の神」「蕃神《あだしくにのかみ》」「仏神」として受容された。仏は初めから一種の「神」として認知されたのである。百済《くだら》・高句麗《こうくり》僧や留学僧尼の活動で仏教知識は徐々にもたらされたものの、それを消化できたのはきわめてかぎられた階層だった。仏教を受容した豪族《ごうぞく》のほとんどにとって、仏は「蕃神」「仏神」であり続けたのである。そして奈良時代に入って豪族層から一般民衆にひろまった仏教信仰も、この「蕃神」「仏神」信仰だった。『日本霊異記《にほんりょういき》』の諸説話から分かるように、一般民衆信者のほとんどは「蕃神」「仏神」信者だったのである。

このことは彼らを教化した僧侶の仏教も、さして変わらぬ水準のものだったことを示唆している。大化改新以降、確かに留学僧の往来は格段に増加した。彼らのもたらす最盛期中国仏教の果実は、日本仏教界に大きな刺激を与えたであろう。だがその影響が及ぶのは仏教界の中でも最上層にかぎられていた。多くの僧尼は前代から変わらぬ「蕃神」「仏神」信仰・祭祀の世界に生きていた。民衆教化とは、自らのそうした信仰を広めることだったのである。

結局日本人のほとんどは神仏習合以前から、というより「仏教公伝」からずっと仏と在来神とを質的に区別しなかった。出身を別にすれば、仏も初めから神々の一族として受容したのである。つまり神仏習合とは神と仏の異質性を認識したうえで双方を融合させるものではなかった。「蕃《となりぐに》」の形容句が付く「神」と認知された仏から形容句を取り払う、もしくは「仏」という名で在来神と区別される「仏神」から「仏」イコール「神」としての「仏神」へシフトするだけの運動だったのである。かくして神仏習合という最終同化が

「公伝」から三世紀もたたないうちに進行し始める。仏は太古から存在する信仰対象として定置され、日本宗教の不可欠の要素として定着していくのである。

平安時代中期以降来世の認識が明確化するにつれて、仏に対する要求も来世《らいせ》教義に沿った内容になっていく。それにともなって仏教理解が格段に進んだことは確かである。だが仏という存在の基本的理解は、ほとんどの日本人において変わらなかった。理解の進展によって加わった新たな要素は、仏の機能の「発見」と認識されていった。仏は時代とともに新たな機能を付加され、祈願内容は肥大化していく。だがその本質についての認識は、飛鳥仏教における「蕃神」「仏神」からさして変わらなかったのである。

二〇〇七年一月

曾根正人

参考文献

本書全体に関わるもの

藤井顕孝「欽明紀の仏教伝来の記事について」(『史学雑誌』三六―八、一九二五年)
田村圓澄・川岸宏教編『聖徳太子と飛鳥仏教』吉川弘文館、一九八五年
田村圓澄『飛鳥・白鳳仏教史』上・下 吉川弘文館、一九九四年
中井真孝『朝鮮と日本の古代仏教』東方出版、一九九四年
大橋一章『飛鳥の文明開化』吉川弘文館、一九九七年
石田尚豊編『聖徳太子事典』柏書房、一九九七年
狩野久編『古代を考える 古代寺院』吉川弘文館、一九九九年
森公章編『日本の時代史3 倭国から日本へ』吉川弘文館、二〇〇二年
和田萃『飛鳥―歴史と風土を歩く―』岩波新書、二〇〇三年

聖徳太子に関する先行研究

藤枝晃「勝鬘経義疏」(『日本思想大系 聖徳太子集』岩波書店、一九七五年)
袴谷憲昭「『勝鬘経義疏』と三論宗―偽撰説再考」(平井俊榮監修『三論教学の研究』春秋社、一九九〇年 所収)
森博達「『十七条憲法』の倭習」(『同志社大学考古学シリーズⅣ 考古学と技術』一九八八年)

同　『古代の音韻と日本書紀の成立』大修館書店、一九九一年
同　『日本書紀の謎を解く』中公新書、一九九九年
大山誠一『長屋王家木簡と金石文』吉川弘文館、一九九八年
同　『〈聖徳太子〉の誕生』吉川弘文館、一九九九年
同編　『聖徳太子の真実』平凡社、二〇〇三年
梅原猛ほか『聖徳太子の実像と幻像』大和書房、二〇〇二年
東野治之『日本古代金石文の研究』岩波書店、二〇〇四年
本郷真紹編『日本の名僧1　和国の教主　聖徳太子』吉川弘文館、二〇〇四年
森田悌『推古朝と聖徳太子』岩田書院、二〇〇五年

インド仏教に関するもの

平川彰『インド仏教史』上・下　春秋社、一九七四・一九七九年
中村元『古代インド』講談社学術文庫、二〇〇四年（初刊は一九七七年、講談社）
宮元啓一『ブッダが考えたこと』春秋社、二〇〇四年
アルボムッレ・スラマサーナ／藤本晃『ブッダの実践心理学』第一巻〜、サンガ、二〇〇五年、以下続刊中

中国・朝鮮仏教に関するもの

中村元ほか編『アジア仏教史　中国編Ⅰ　漢民族の仏教』校成出版社、一九七五年
鎌田茂雄『中国仏教史』岩波全書、一九七八年

同　　　『朝鮮仏教史』東京大学出版会、一九八七年
木村清孝『中国仏教思想史』世界聖典刊行協会、一九七九年
佐藤達玄『中国仏教における戒律の研究』木耳社、一九八六年
石井公成「朝鮮仏教における三論教学」（平井俊榮監修『三論教学の研究』春秋社、一九九〇年　所収）

著者紹介
一九五五年、埼玉県生まれ
一九八五年、東京大学大学院人文科学研究科博士課程単位取得退学
現在、就実大学大学院史学専攻教授
主要著書
古代仏教界と王朝社会　神々と奈良仏教(編著)

歴史文化ライブラリー
228

聖徳太子と飛鳥仏教

二〇〇七年(平成十九)三月一日　第一刷発行

著　者　曾《そ》根《ね》正《まさ》人《と》
発行者　前田求恭
発行所　株式会社 吉川弘文館
東京都文京区本郷七丁目二番八号
郵便番号一一三―〇〇三三
電話〇三―三八一三―九一五一〈代表〉
振替口座〇〇一〇〇―五―二四四
http://www.yoshikawa-k.co.jp/
印刷＝株式会社 平文社
製本＝ナショナル製本協同組合
装幀＝マルプデザイン

歴史文化ライブラリー

1996.10

刊行のことば

現今の日本および国際社会は、さまざまな面で大変動の時代を迎えておりますが、近づきつつある二十一世紀は人類史の到達点として、物質的な繁栄のみならず文化や自然・社会環境を謳歌できる平和な社会でなければなりません。しかしながら高度成長・技術革新にともなう急激な変貌は「自己本位な刹那主義」の風潮を生みだし、先人が築いてきた歴史や文化に学ぶ余裕もなく、いまだ明るい人類の将来が展望できていないようにも見えます。このような状況を踏まえ、よりよい二十一世紀社会を築くために、人類誕生から現在に至る「人類の遺産・教訓」としてのあらゆる分野の歴史と文化を「歴史文化ライブラリー」として刊行することといたしました。

小社は、安政四年(一八五七)の創業以来、一貫して歴史学を中心とした専門出版社として書籍を刊行しつづけてまいりました。その経験を生かし、学問成果にもとづいた本叢書を刊行し社会的要請に応えて行きたいと考えております。

現代は、マスメディアが発達した高度情報化社会といわれますが、私どもはあくまでも活字を主体とした出版こそ、ものの本質を考える基礎と信じ、本叢書をとおして社会に訴えてまいりたいと思います。これから生まれでる一冊一冊が、それぞれの読者を知的冒険の旅へと誘い、希望に満ちた人類の未来を構築する糧となれば幸いです。

吉川弘文館

〈オンデマンド版〉
聖徳太子と飛鳥仏教

On Demand
歴史文化ライブラリー
228

2018年（平成30）10月1日　発行

著　者　曾《そ》根《ね》正《まさ》人《と》
発行者　吉川道郎
発行所　株式会社　吉川弘文館
〒113-0033　東京都文京区本郷7丁目2番8号
TEL　03-3813-9151〈代表〉
URL　http://www.yoshikawa-k.co.jp/

印刷・製本　大日本印刷株式会社
装　幀　清水良洋・宮崎萌美

曾根正人（1955〜）

ISBN978-4-642-75628-0